BIBLIOTHÈQUE SPÉCIALE

DE LA SOCIÉTÉ DES AUTEURS ET COMPOSITEURS DRAMATIQUES

AGENT GÉNÉRAL : LOUIS LACOUR.

# L'AHURI
# DE CHAILLOT

VAUDEVILLE EN QUATRE ACTES

PAR

## MM. LASSOUCHE ET A. DELORMEL

Représenté pour la première fois à Paris, sur le théâtre des Menus-Plaisirs, le 10 août 1867.

## PARIS
## LIBRAIRIE DRAMATIQUE
10, RUE DE LA BOURSE, 10.

1867
— TOUS DROITS RÉSERVÉS —

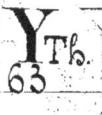

BIBLIOTHÈQUE SPÉCIALE

DE LA SOCIÉTÉ DES AUTEURS ET COMPOSITEURS DRAMATIQUES

Agent général : **LOUIS LACOUR.**

# L'AHURI
# DE CHAILLOT

VAUDEVILLE EN QUATRE ACTES

PAR

## MM. LASSOUCHE ET A. DELORMEL

Représenté pour la première fois à Paris, sur le théâtre des Menus-Plaisirs, le 10 août 1867.

PARIS

LIBRAIRIE DRAMATIQUE

10, RUE DE LA BOURSE, 10.

1867

— TOUS DROITS RÉSERVÉS —

# PERSONNAGES

| | |
|---|---|
| DÉTRAQUÉ, herboriste..................................................... | MM. Leriche. |
| MONTAUVERT, fourreur .................................................. | Detroges. |
| COBALT, \\ | Léon Leroy. |
| DIDIER,  } peintres................................................. | Saverny. |
| GRANULÉ, / | Soyer. |
| POMPÉE, modèle............................................................ | Daniel Bac. |
| RABASSON, négociant marseillais................................... | Paul Ginet. |
| PITOU, fantassin ............................................................ | B. Leroy. |
| BASTIEN, domestique..................................................... | Deschamps. |
| VOL-AU-VENT, restaurateur............................................ | Gustave. |
| MADAME MONTAUVERT .................................................. | M<sup>mes</sup> Minne. |
| HERMINIE, fille de Montauvert ...................................... | Colombe. |
| CORINNE, \\ | Aymé. |
| GEORGINA, } modèles................................................ | Élisa. |
| TROTINETTE, } | Blanche. |
| MUSQUETTE, / | Anna. |
| CLAPOTE, servante de Montauvert................................. | Rose Bruyère. |
| Un Vieux Monsieur. | |
| JEAN, garçon de bains. | |
| Garçons de restaurant, — deux musiciens. | |

*La scène se passe à Paris de nos jours.*

# L'AHURI DE CHAILLOT

## ACTE PREMIER

#### UNE ORGIE A LA TOUR

Le Théâtre représente un atelier de peinture. — Porte d'entrée au fond à droite. — Au fond une estrade... A côté, un chevalet sur lequel est une grande toile représentant l'Enlèvement des Sabines. — A gauche, un poêle en fonte. — A droite, premier plan, la porte d'un cabinet. — Tables, chaises, fauteuils, tableaux, costumes accrochés çà et là.

### SCÈNE PREMIÈRE

BASTIEN *debout, une bouteille à la main*, POMPÉE, GEORGINA, MUSQUETTE, DIDIER, TROTINETTE, GRANULE, CORINNE, COBALT. (*Ils sont à table et achèvent de déjeuner.*)

CHOEUR.

AIR : du *Sturm galop*.

Enivrons-nous, buvons,
Dégustons ces flacons;
Enivrons-nous, buvons,
Aux doux bruits des chansons !
Enivrons-nous, chantons !...
Par nos joyeux flons flons,
Le verre en main,
Amis, égayons ce festin.

COBALT.

La vie en temps de carnaval,
Est un éternel festival ;
Ce steeple-chase du plaisir
Pour nous ne doit jamais finir.

REPRISE DU CHOEUR.

TOUS. A boire !... A boire !...
POMPÉE. Oui !... à boire !... du champagne !...
COBALT, *renversant les bouteilles*. Du champagne !... on n'en tient plus : n—i ni, fini ! Le champagne a vécu !...
GRANULÉ. Ce que vivent les roses : l'espace d'un festin !...
BASTIEN. J'allais le dire !...
POMPÉE. Alors, s'il n'y a plus de blanc, donnez-moi du rouge !...
COBALT. Tu n'es pas honteux de demander du rouge avec un nez pareil ?...
DIDIER. Le fait est qu'il est d'un carminé !...
GEORGINA. C'est vrai ; il a l'air d'une vraie tomate !... (*Chantant sur l'air du* Jeune homme empoisonné.)

Voyez-donc le drôl' de nez,
Comme il est enluminé,
  TOUS.
Comme il est enlu, en mi, en né.
Enluminé !...
Ah ! ah ! ah ! ah !

POMPÉE. Je vous conseille de plaisanter sur mon nez ; si j'avais aujourd'hui ce que j'ai dépensé pour le mettre en couleur !...
DIDIER. Tu pourrais le mettre à la caisse d'épargne !...
POMPÉE. Mon nez ?...
COBALT. Non ! tes économies !... (*On rit.*)
GRANULÉ. Mais, comment diable as-tu fait, pour te procurer cette jolie teinte vermillonnée ?
POMPÉE. C'est mon *rhube de cerbeau !*... j'ai attrapé froid aux pieds... et ma foi !...
DIDIER. Ton *rhube !*... a monté jusque-là !... (*Il montre le nez de Pompée.*)
MUSQUETTE. Il a dû y mettre le temps !...
BASTIEN. J'allais le dire !...
COBALT. Tu as donc eu froid aux pieds l'année dernière ? (*On rit.*) Mais c'est assez nous appesantir sur le nez de ce pauvre Pompée... (*A Pompée.*) Tu n'as pas volé ce nom-là, toi !... Mes amis, vous vous souvenez sans doute qu'en vous convoquant à ce festival, Didier, ici présent, a promis de nous gratifier d'une surprise au dessert ?...
DIDIER. C'est vrai !...
CORINNE. Mais, nous y sommes,... au dessert !...
POMPÉE. Nous l'avons même dépassé..., le dessert ; il n'y a plus rien à *consober !*...
COBALT. Tais-toi !... ivrogne !... et, comme le moment est arrivé !... nous demandons la surprise !...
TOUS. Oui !... Oui !..., la surprise !...
DIDIER, *prenant un air grave*. Mes amis, ce que j'ai à vous dire étant de la plus haute gravité ; je vous demanderai la permission de me recueillir un peu... A la vôtre ! (*Il boit.*)
COBALT. Il me fait frémir !... Est-ce que tu aurais spéculé sur les Mouzaïas ?...
DIDIER. Non !...
TROTINETTE. Votre tante Fromageot serait-elle décédée ?
DIDIER. Hélas !... non !...
POMPÉE, *se levant gravement*. Didier, quel que soit le *balheur* qui te frappe, ou la *chubidée* qui te tombe sur la tête, souviens-toi que je suis ton *abi*, et que je serai toujours là pour t'aider à la *receboir !*... A la tienne !... (*Il boit.*)
BASTIEN. En voilà un qui en ingurgite !...
COBALT. Voyons, Didier !... au fait !...
TOUS. Oui !... Oui !... au fait !...
DIDIER. Eh bien, mes amis, je vais me marier !...
TOUS. Ah !...

COBALT, *tombant la tête sur la table.* Patatras!... un homme à la mer!...
GRANULÉ. Ce que c'est que de nous!...
POMPÉE. *Se barier!*... j'en suis abruti!...
GEORGINA. Ça ne vous changera pas beaucoup!...
POMPÉE. Hein?...
DIDIER. Oui, mes amis, j'entreprends aujourd'hui même un mariage... au long cours!...
COBALT. Mais comment ce malheur t'est-il arrivé?...
DIDIER. Un malheur, c'est le plus beau jour de ma vie!...
COBALT. Oh!... le plus beau jour!... tu vas peut-être un peu loin!...
CORINNE. Non, non, M. Didier a raison.
MUSQUETTE. C'est vrai, M. Didier, c'est bien, ce que vous faites là!... et pour la peine... faut que je vous embrasse. (*Elle embrasse Didier.*)
TOUTES. Moi aussi!... moi aussi!... (*Elles l'embrassent.*)
BASTIEN. Je ne sais pas si elles se le payent, le bourgeois!...
COBALT. Là! on a parlé mariage ; les voilà toutes à la tendresse!... Tableau...
GRANULÉ. C'est touchant!...
POMPÉE. Oui, ça donne envie de se *barier* aussi!...
GEORGINA. Je vous prends au mot!...
POMPÉE. Ah! mais non, c'est impossible!... je ne peux pas *be barier!*...
GEORGINA. Pourquoi?
POMPÉE. Je ne suis pas *bajeur!*
GEORGINA. Pas majeur?... Ah!... faudrait pas nous la faire, celle-là?...
COBALT, *à Didier.* Alors, c'est une affaire conclue?...
DIDIER. Mon Dieu, oui!...
GRANULÉ. Tu te maries?...
COBALT. Et contre qui?...
DIDIER. Contre la fille de M. Montauvert, négociant en fourrures à Chaillot, dont j'ai fait la connaissance en faisant le portrait de ma future!... Nous avons filé le parfait amour pendant quelques mois, et ma foi, aujourd'hui!...
COBALT. *Tu quoque?*...
DIDIER. *Je quoque*... que voulez-vous, mes amis, il faut faire une fin... comme dit le proverbe!..... Quand le diable devient vieux!...
POMPÉE. Il se fait *erbite!*... (*Il boit.*) A la tienne!... (*A Bastien.*) Verse, Ganymède!...
BASTIEN, *versant.* C'est pas possible, il a avalé une éponge!...
DIDIER. Ah!... ça n'a pas été sans peine, j'ai bien failli être supplanté!...
COBALT. Par qui?
DIDIER. Par un certain herboriste, nommé Détraqué!
COBALT. Détraqué?..
GRANULÉ. En voilà un nom!..
POMPÉE. Qu'est-ce que c'est que cette vieille pendule-là?..
DIDIER. C'est un voisin de mon futur beau-père, auquel il avait fiancé sa fille; mais le cœur de la jeune personne ayant battu très-fort en ma faveur, l'herboriste a été évincé!..

COBALT. Et c'est bien fait!.. Est-ce qu'on épouse un herboriste?..
CORINNE. Tiens!.. pourquoi pas? Un herboriste en vaut bien un autre?...
COBALT. Un autre herboriste!..... oui !
DIDIER. C'est mon dernier jour de folie!.. ce déjeuner est pour moi le chant du Cygne... Dans trois heures, je signe mon contrat... j'enterre ma vie de garçon.....
POMPÉE. *De profundis!*.. (*Il boit.*) A boire, Ganybède!.. à boire!..
BASTIEN. Pourquoi m'appelle-t-il Ganymède?.. voilà!.. (*Il verse.*) Oh! ça va finir, cette vie-là!..
DIDIER. Je n'ai pas besoin de vous dire que vous êtes tous invités!..
COBALT. Hein?.. nous en sommes?..
GRANULÉ. Fameux?..
POMPÉE, *gravement.* Ah! Didier! c'est bien!.. c'est grand!.. c'est sublime!!! ne pas avoir oublié les amis dans une circonstance aussi... aussi.... Atchi!..
DIDIER. Dieu te bénisse!..
MUSQUETTE. Et nous, monsieur Didier, nous en sommes aussi?..
DIDIER. Parbleu!..
TROTINETTE. Ah! que c'est gentil de votre part!.. faut que je vous embrasse.
TOUTES. Oui!.. oui!... (*Elles embrassent Didier.*)
GRANULÉ. Encore!
COBALT. C'est inconvenant!
BASTIEN. Oh! si je pouvais être embrassé comme ça, ça serait du délire! (*Il boit à même la bouteille.*)
POMPÉE. Ne te gêne pas, toi!... (*Il lui donne un coup de pied*).
BASTIEN, *se retournant et se préparant à verser.*) Monsieur a soif?..
DIDIER. Maintenant, mes amis, je vais me mettre sur mon trente et un ; je vous laisse : à deux heures, rendez-vous chez moi pour aller à la mairie... et ensuite, chez Véfour!..
CORINNE. Chez Véfour! quel luxe!..
COBALT. Ton beau-père a donc dévalisé un wagon?..
POMPÉE. Il paraît que c'est bon, la fourrure!..
DIDIER. Mais oui!.. c'est dit!... à deux heures chez moi;... et, vous savez, une tenue décente est de rigueur.
COBALT. Sois donc tranquille!... on connaît son affaire! nous enfilons l'habit noir, et sur le coup de deux heures, tu verras tomber chez toi une avalanche de notaires!
POMPÉE. Est-ce que la cravate blanche aussi est de rigueur?
DIDIER. Sans doute, pourquoi?..
POMPÉE. C'est que...
DIDIER. Tu n'en as pas?...
POMPÉE. Oui... j'en ai une, mais elle est couleur flamme de punch!...
COBALT. Ah! bah!.. en boutonnant ton habit!..
POMPÉE. On n'y verra que du feu!..
DIDIER. Bien!.. à tantôt!..
COBALT. Minute!.. Avant de se quitter, un dernier toast!

DIDIER. Volontiers !...
COBALT. A la santé de Didier !
GEORGINA. A la santé de M<sup>me</sup> Didier !..
POMPÉE. Alors, à la santé des petits Didier !..
DIDIER. Hein !.. déjà !..
POMPÉE. Dame ! il faut tout brévoir ! (Ils trinquent. Reprise du chœur. Sortie de Didier.)

## SCÈNE II

LES MÊMES, moins DIDIER.

GRANULÉ. Allons, en voilà encore un dans la grande confrérie.
POMPÉE. Connu... Connu...
GRANULÉ. Ah ! il n'y a plus à y revenir, le voilà bien marié !...
COBALT. Pauvre Didier !.. j'avais toujours pensé que ce garçon-là finirait mal !..
CORINNE. Je vous conseille de le plaindre : un homme qui épouse, ça ne se voit pas tous les jours...
TROTINETTE. Le mariage, à la bonne heure, c'est ça qui vous pose un homme !..
COBALT. Oui, joliment !..
GEORGINA. Vous n'en feriez pas autant, vous?..
COBALT. Que voulez-vous ? le mariage ne me réussit pas. j'en ai déjà manqué dix-sept : chaque fois que je fais ma demande, paf ! chou blanc !.. Non ! le mariage est un mât de Cocagne trop savonné pour moi; j'ai essayé d'y grimper, mais je n'ai jamais pu gagner la timbale !.. Pourquoi ? je me le demande !...
CORINNE. C'est que vous ne savez pas vous y prendre !..
COBALT. Ah !... Corinne, pouvez-vous dire ça ?..
POMPÉE. C'est la faute des beaux-pères !..
COBALT. Pompée a raison !.. c'est toujours par le beau-père que j'ai été repoussé avec perte; sous le fallacieux prétexte que je n'avais pas le sou !.. pas le sou !! ganaches !!.. et mes pinceaux !...
POMPÉE. Oh ! les beaux-pères. Quelle clique ! Ce sont eux qui empêchent tous les mariages !
COBALT. C'est vrai !.. s'il n'y avait pas de beaux-pères, on se marierait tous les jours!..
CORINNE. Mais moi, je n'ai pas de beau-père, je suis orpheline de naissance.
COBALT. C'est vrai, Corinne, vous êtes complétement veuve de cet accessoire matrimonial !.. mais mes dix-sept choux blancs m'ont donné à réfléchir, le mariage est l'éteignoir du génie !.. maintenant, je ne veux plus convoler qu'avec la gloire !..
CORINNE. La gloire !.. qu'est-ce que c'est que cette cocotte-là ?
POMPÉE. La gloire !.. une cocotte !!!..
COBALT. La gloire ! la célébrité ! voyez-vous, Corinne, je sens qu'il y a là (il montre son front) un prix de Rome !..
POMPÉE. J'en boirai bien un verre... de rhum !..
COBALT. Grâce à ce chef-d'œuvre, j'espère aller faire un tour en Italie !..
CORINNE. Ah ! vous m'emmènerez ?...
COBALT. Certainement !.. en effigie !.. votre image est gravée là! (Il montre son cœur.) C'est un wagon de première classe !..
CORINNE. Merci ! c'est une jolie défaite pour ne pas m'emmener !
POMPÉE. Dis donc, si tu vas en Italie, rapporte-moi un souvenir !..
COBALT. Sois tranquille !.. je te rapporterai... deux sous de fromage d'Italie !..
POMPÉE. En attendant, je vais faire un bout de conversation avec Aglaé !..
GEORGINA. Aglaé ?.. quelle Aglaé, s'il vous plaît ?..
POMPÉE. Ma compagne fidèle !.. qui ne me quitte jamais ; aussi j'ai pour elle les plus grands égards !..
GEORGINA. Hein ?..
POMPÉE. Je la porte toujours sur mon cœur, comme Cobalt. (Il tire une pipe de sa poche.) La voilà !..
GEORGINA. Une pipe !.. ah ! quelle horreur !...
POMPÉE. Comment !.. quelle horreur !.. une fille superbe ! (Se reprenant.) Une pipe superbe !.. regardez-moi ça ! quelle magnifique teinte chocolat !.. Comme c'est campé !..
GEORGINA. S'il est permis de se mettre des infamies pareilles dans la bouche !..
POMPÉE. Ah ! Georgina, vous êtes dure pour Aglaé ; mais heureusement elle est d'une bonne pâte !.. je n'ai pas le moindre reproche à lui adresser : voilà trois ans que nous sommes ensemble, et jamais un mot ! pas la moindre discussion !.. C'est pourtant elle qui porte la culotte. (Il allume sa pipe.)
GEORGINA. Comment ! vous allez fumer ?..
POMPÉE. Pourquoi pas ?..
GRANULÉ. Tu sais bien que Georgina n'aime pas le tabac.
POMPÉE. Je vais fumer en lui tournant le dos !
GEORGINA. Mais je sentirai tout de même votre affreuse odeur de tabac !..
POMPÉE. Bouchez-vous les oreilles !..
TROTINETTE. Si ça n'est pas z'honteux ! fumer devant des dames !
POMPÉE. Où ça, donc ?...
MUSQUETTE. Comment, où ça ?.. Eh bien !.. et nous ?..
COBALT. Le fait est que Pompée n'est pas du tout des plus Régence.... il manque complétement de talons rouges !..
CORINNE. Des talons rouges ?. Il en a sous le nez. (On rit.)
COBALT. Ah ! Corinne, voilà un joli mot !.. je le ferai monter en épingle !..
GRANULÉ. Si elle est en or, nous la mettrons au clou !.. Si j'avais un nez comme le tien, j'allumerais ma pipe avec !..
COBALT. Voyons ! c'est assez parler du nez, occupons-nous d'affaires plus sérieuses, je sens l'inspiration qui me grimpe au cerveau ;... elle m'inonde de ses reflets magiques ;.. elle déborde,... allez vous habiller !..
TROTINETTE. Pour la noce !..
COBALT. Non ! pour la pose !..
GEORGINA. Pour la pose ? mais, on ne travaille pas un jour de mariage !..
MUSQUETTE. C'est fête !..

POMPÉE. Oui ! en l'honneur de Bacchus et de Cupidon !..
COBALT. Mais, si vous ne voulez pas poser, mon tableau ne se finira pas, et mes Sabines ne seront jamais enlevées. Songez donc que ce chef-d'œuvre, en sortant de l'exposition, doit faire l'ornement de la boutique de Montauvert, et l'étonnement des naturels de la Pompe à feu?
POMPÉE. A Chaillot, la pose?
TOUS. Oui!.. oui!.. pas de pose aujourd'hui!..
COBALT. Ne laissez pas refroidir mon inspiration!..
GRANULÉ. Mais la noce!..
COBALT. Ce n'est que pour deux heures; nous avons bien le temps de bûcher!...
GEORGINA. Allons! puisqu'il faut bûcher, bûchons!..
POMPÉE. Tiens, à propos de bûches, je vais en mettre une dans le poêle!..
MUSQUETTE. Mais vous savez, M. Cobalt, une fois la pose *finite*...
COBALT. Nopces et festins! toute la *nuite*!..
TOUS. Bravo!..
POMPÉE. Oh! oh!. j'entrevois quelques plumets à l'horizon !
COBALT. Mais vous savez mesdemoiselles, n'oubliez pas la recommandation de notre ami Didier!..
TOUTES. Laquelle?..
COBALT. Une tenue décente est de rigueur.
GRANULÉ. Bigre !.. c'est-là qu'est le cheveu!..
GEORGINA. Ah! soyez donc tranquille!.. quand il le faut, on sait se tenir!..
COBALT. En qualité de poseuse!.. je le comprends, mais dans le monde?..
CORINNE. Ne dirait-on pas que votre M. Montauvert, c'est le grand Mamamouchi !
GEORGINA. Dieu merci, j'y ai été plus d'une fois, dans le monde!..
GRANULÉ. Où ça?...
GEORGINA. Chez Markouski?..
TROTINETTE. Moi, au château des fleurs!..
MUSQUETTE. C'est pas la peine de nous *crétiquer*, moi aussi, j'y *suis-t-allée*, dans le monde!..
COBALT. Où donc?..
POMPÉE. A la halle aux cuirs!..
MUSQUETTE. Ah! allez donc moucher votre nez!..
GRANULÉ. Allons! au vestiaire!..
TOUS. Au vestiaire!..

CHŒUR.

AIR : de *Geneviève de Brabant*.

La pose
Indispose :
Faut se travestir
Et puis revenir
Afin d'en finir,
Pour aller nous divertir!...

COBALT.

Dépêchons, mettons-nous à l'œuvre,
Que ce tableau, soit bientôt terminé ;
Il ne faut pas, de ce chef-d'œuvre,
Priver l'Europe... et la postérité...

(*Ils sortent*.)

## SCÈNE III

COBALT, *seul, il prépare sa palette*.

Voyons! ne flânons pas... profitons de ce que je suis seul, pour donner un bon coup de collier à mes Sabines....... Raphaël, inspire-moi, mon vieux!.. où est donc passé mon jaune de chrome?.. ah!.. le voilà !.. Il s'agit de faire des agaceries à la médaille de première classe... c'est raide!.. voyons, attaquons cette romaine qui est là dans le coin !.. Allons, bon!... plus d'huile!... Comment faire?... il en faut pourtant pour une romaine!... Ah!.. voilà mon affaire!... (*Il prend l'huilier et en verse dans son godet. On frappe.*) Entrez!..

## SCÈNE IV

COBALT, DÉTRAQUÉ, *en costume provincial*.

DÉTRAQUÉ. monsieur Didier?... s'il vous plaît?...
COBALT, *sans se retourner*. Il est sorti!...
DÉTRAQUÉ. On m'a dit que je le trouverais ici?...
COBALT. Il y était effectivement; mais une affaire très-grave...
DÉTRAQUÉ. C'est aussi d'une affaire très-grave que j'ai à l'entretenir!...
COBALT. J'aurais dû m'en douter, en voyant votre cravate blanche;... cette tenue officielle!...
DÉTRAQUÉ. Cette tenue annonce un événement sérieux se prépare pour moi, monsieur : Avant vingt-quatre heures je serai mort ou marié!...
COBALT. C'est à peu près la même chose!...
DÉTRAQUÉ. Vous dites?...
COBALT. Rien!...j'ouvre une parenthèse... allez votre train!...
DÉTRAQUÉ. Monsieur Didier est un misérable!...
COBALT. Hein!...
DÉTRAQUÉ. Il est entré dans ma vie avec effraction!... Il a brisé ma vie, il s'est assis lourdement sur mes plus chères espérances!... Il a... Ah!... que je souffre!... (*Il tombe sur un fauteuil.*) Monsieur! je sens que je vais m'évanouir!... donnez-moi quelque chose à respirer...
COBALT, *posant sa palette sur une chaise.*) Du vinaigre!... tenez... respirez fort... bon!.. c'est l'huile!... Ah! ma foi, tant pis!...
DÉTRAQUÉ. Merci, ça va mieux!...
COBALT. J'en suis bien aise!...
DÉTRAQUÉ, *se levant vivement*. Mais ça ne se passera pas comme ça!... non!... il ne sera pas dit qu'un vulgaire barbouilleur m'aura impunément ravi le cœur de mon Herminie!...
COBALT. Ah!... il s'agit d'une Herminie?...
DÉTRAQUÉ. Un ange!... tous les jours, je lui portais des fleurs; je l'accablais de pâtes de Regnault, de jujube!...
COBALT. Elle était enrhumée?...
DÉTRAQUÉ. Elle était pure, candide. (*Il tombe assis sur la chaise sur laquelle Cobalt a posé sa palette.*) Monsieur, je sens que je vais m'évanouir!...

COBALT. Encore!... Ah çà! mais, i! les collectionne, les évanouissements!...

DÉTRAQUÉ. Du vinaigre!...

COBALT, *posant l'huile sur un meuble.* Il n'y en a plus!... où diable ai-je fourré ma palette?...

DÉTRAQUÉ. Ah! monsieur, vous ne savez pas ce que c'est que de perdre une Herminie!...

COBALT. Mais si; j'en ai perdu pas mal d'Herminies dans ma vie... seulement, elles s'appelaient... Joséphine, Clara, etc.; où donc est ma palette?...

DÉTRAQUÉ. (*Il se lève, il a la palette attachée aux basques de son habit.*) Une femme que j'aurais rendue si heureuse! (*Traversant lentement la scène.*) Je m'étais attaché à elle, comme le lièvre à l'ormeau : je m'étais attaché à son père !... à sa mère... à ses domestiques... à tout... à tout!...

COBALT, *apercevant sa palette*, Ah!... la voilà!... ma palette!... il s'y est attaché aussi!... (*Il la prend, on voit l'habit de Détraqué plein de couleur.*) Il est trop attaché ce saule pleureur!...

DÉTRAQUÉ. Qu'est-ce qu'il y a?...

COBALT. Rien; c'est une mosaïque; ça serait peut-être le moment de le détacher un peu!...

DÉTRAQUÉ. Oh! ce rival! je le tuerai!...

COBALT, *à part.* Un rival?... serait-ce l'herboriste en question?... (*Haut.*) Et vous voulez voir Didier!... Pourquoi?...

DÉTRAQUÉ. Pour empêcher son mariage!...

COBALT. Empêcher le mariage..... Plus de doute, c'est lui. (*A part.*) Ah! tu ne sortiras pas d'ici avant qu'il ne soit conclu!... (*Haut.*) Mais qui vous dit que ce mariage soit si avancé?...

DÉTRAQUÉ. M. Montauvert est à Paris, il y est venu pour ça!...

COBALT. Et probablement aussi pour prendre des renseignements sur Didier : — Quand il les aura pris, je crois pouvoir vous assurer que le mariage ne se fera plus!...

DÉTRAQUÉ. Pourquoi?...

COBALT. Parce qu'ils seront très-mauvais. Didier est un coureur. Allons, vous avez des chances... Trouvez seulement le moyen de faire une surprise quelconque à votre Herminie pour raviver sa flamme à votre endroit, et je réponds de tout.

DÉTRAQUÉ. Mais, que lui envoyer?...

COBALT. La moindre chose : votre portrait!...

DÉTRAQUÉ. Mon portrait?... je n'en ai pas!...

COBALT. Ah!... Eh bien!... voulez-vous que je vous le fasse?

DÉTRAQUÉ. Mais, nous n'aurons jamais le temps : il faut que je trouve Didier?

COBALT. Didier!... il doit revenir ici; nous avons rendez-vous ensemble dans une heure!...

DÉTRAQUÉ. Ah!... et vous pensez qu'en une heure vous pourrez faire!...

COBALT. Parbleu!... je suis plus habile qu'Horace Vernet! (*A part.*) Oh! quelle idée! Il me manque un Alcibiade!... je vais économiser un modèle. (*Haut.*) Vous allez poser en Grec!...

DÉTRAQUÉ. En Grec!...

COBALT. Oui!... vous avez du galbe!...

DÉTRAQUÉ. Vous croyez que j'ai du galbe?...

COBALT. Énormément!... vous en êtes truffé de galbe!...

DÉTRAQUÉ. Je ne pourrais donc pas poser comme ça?...

COBALT. Non!... l'habit noir est trop triste, et puis, maintenant, on fait tous les portraits en Grec!... Voyez mademoiselle Schneider dans la belle Hélène!

DÉTRAQUÉ. C'est vrai; mais je n'ai pas de costume.

COBALT. Tenez : en voilà un; entrez là (*il lui indique un cabinet à gauche,* 1er *plan*) et habillez-vous?...

DÉTRAQUÉ, *prenant le costume.* Est-ce que je peux garder ma cravate blanche?

COBALT. Oui, si vous y tenez (*à part*), mon Alcibiade aura l'air d'un avoué. (*Détraqué va pour entrer au moment où Corinne paraît. Elle est en costume.*)

## SCÈNE V

COBALT, DÉTRAQUÉ, CORINNE.

CORINNE. Là!... me voilà prête!...

COBALT. Chut, silence!...

CORINNE. Pourquoi?

COBALT. L'herboriste!...

CORINNE. Quel herboriste?... Tiens, un cocodès!...

COBALT. Ma chère amie, je vous présente M. Détraqué.

CORINNE. Le rival de...

COBALT, *lui donnant une poussée.* Célèbre herboriste, arrivant de Chaillot.

CORINNE, *à part.* Il en a bien l'air!... (*Saluant*). Monsieur!...

DÉTRAQUÉ, *saluant.* Madame!...

COBALT, *présentant Corinne.* Ma nièce... un vrai modèle... de vertu! Elle est encore un peu timide, mais il faut lui pardonner... elle est sortie de pension depuis deux jours : voyez, elle a même encore l'uniforme de la maison!...

DÉTRAQUÉ. Mais, c'est un costume grec!...

COBALT. Oui!... je vous le disais tout à l'heure : c'est la fureur en ce moment; et si vous voulez poser avec elle, nous ferons un groupe; l'enlèvement d'Hélène!... Allez vous travestir!...

DÉTRAQUÉ. Mademoiselle!...

CORINNE. Monsieu!...

### CHOEUR.

AIR : *des Puritains.*

COBALT.

Allons, faites diligence,
Mon cher, en un tour de main,
Pour commencer la séance,
Allez vous mettre en Romain.

DÉTRAQUÉ.

Monsieur, prenez patience
Je vais en un tour de main,
Pour commencer la séance
Me déguiser en Romain.

CORINNE.

Bien sûr, cet air d'innocence
Cache un apprenti gandin;
Malgré moi, je ris d'avance,
De le voir mis en Romain.

(*Détraqué entre à gauche.*)

## SCÈNE VI

**COBALT, CORINNE,** puis les RAPINS.

CORINNE. En voilà un qui me paraît joliment réussi comme Canari!..
COBALT. Il est en cage, c'est le principal!.. mais il s'agit de le garder!..
CORINNE. Pourquoi.
COBALT. J'ai mes motifs!... Appelez tout le monde!...
CORINNE. Tout le monde!... justement les voici!... (*Les rapins et les modèles entrent. Ils sont tous en costume romain. Ils entonnent un chant très-fort. Cobalt leur fait signe de se taire. Ils continuent l'autre moitié du chœur, très-bas.*)

CHŒUR.

AIR : *Hali, halo.*

Plus de rapins,
Nous v'là tous en Sabins;
Vite commençons la pose,
Dépêchons pour
Partir tous, et pour cause
Festivaler chez Véfour!...
Chez Vé.....
Chez four.....
Partir tous, chez Véfour!...

GRANULÉ. Pourquoi cette sourdine?...
POMPÉE. Nous avions un bon chœur sous la main, et tu nous coupes notre joie!...
COBALT. Ce n'est pas le moment de chanter un chœur. (*Il les amène sur le devant de la scène.*) Mes amis, un philistin a pénétré dans nos pénates!...
TOUS. Oh!...
COBALT. Vous vous rappelez sans doute que Didier nous a parlé d'un rival, un certain Détraqué!...
POMPÉE. L'herboriste?...
COBALT. Oui! Eh bien! ce débitant de pâtes de jujube est venu le relancer jusqu'ici!... Il s'est échappé de ses bocaux pour empêcher le mariage de notre ami. Le souffrirez-vous?
TOUS. Non!... non!...
COBALT. Alors il faut absolument le retenir ici, jusqu'à ce que le mariage soit conclu...
TOUS. Oui; ça va!...
GRANULÉ. Préparons-lui une bonne scie!...
POMPÉE. Oui!... il faut le faire poser, ce poseur de sangsues!...
CORINNE. Le faire poser en quoi?...
GRANULÉ. En saint Laurent.

COBALT. Nous n'avons pas de gril.
POMPÉE. Pas de *gril*... chez des peintres... c'est bleu!
CORINNE. En Léotard?
COBALT. Il nous manque un trapèze.
POMPÉE. En Cin... cinnatus, alors!...
COBALT. Ça n'est pas mauvais; mais il nous faudrait une charrue!...
GRANULÉ. Et des bœufs!...
COBALT. Ça nous mènerait trop loin... je propose un Androclès!...
TOUS. C'est ça! ça va pour un Androclès!
COBALT. Je l'entends; laissez-moi faire.

## SCÈNE VII

LES MÊMES, DÉTRAQUÉ, *en Romain; il a des cothurnes.*

DÉTRAQUÉ. Ce costume doit m'aller très-bien, je donnerais deux bottes de chiendent pour qu'Herminie puisse me voir ainsi. (*Il se retourne et voit les rapins.*) Ah! encore des grecs. (*A Cobalt.*) Mais vous ne m'aviez pas prévenu que nous aurions tant de monde!...
COBALT. Je n'attendais personne; c'est ma famille qui vient me voir et assister à mes travaux; ça ne changera rien à la pose; je vais vous les présenter (*présentant Musquette et Trotinette*), mes deux cousines!...
DÉTRAQUÉ. Mesdemoiselles!... (*Il salue.*)
MUSQUETTE. Monsieur.
TROTINETTE, *à part.* Je crois bien qu'il m'a fait de l'œil!
COBALT, *présentant Georgina.* Ma filleule!...
DÉTRAQUÉ. Mademoiselle!... (*A part.*) Elle est très-bien!...
GEORGINA, *à part.* C'est qu'il n'est pas mal, ce gamin-là!...
COBALT, *présentant Granulé.* Mon cousin... dentiste ordinaire du roi des Pays-Bas.
DÉTRAQUÉ. Moi, monsieur, je suis herboriste.
GRANULÉ. Des Pays-Bas.
DÉTRAQUÉ. Non de Chaillot.
COBALT. Maintenant, commençons la séance!
POMPÉE. Eh bien, et moi! tu ne me présentes pas?
COBALT. Tiens!... c'est vrai! (*A Détraqué.*) Pardon! j'avais oublié un bétail... un détail, mon oncle!
DÉTRAQUÉ, *voyant Pompée battre la semelle.* Est-ce que c'est un ancien danseur?...
COBALT, *à Pompée.* Tu n'as pas pour deux liards de tenue!... (*A Détraqué.*) Ne faites pas attention, il a eu jadis les pieds gelés!
POMPÉE. Je les ai encore!...
COBALT. Mais commençons... Tout le monde en place; je vais vous faire poser en Androclès.
DÉTRAQUÉ. Androclès!... qu'est-ce que c'est qu'Androclès?
COBALT *à Pompée.* Il ne sait pas ce que c'est qu'Androclès.
POMPÉE, *riant.* Ah! il ne sait pas ce que c'est qu'Androclès... Moi, non plus!

COBALT. C'est un esclave fugitif qui avait été condamné à être dévoré par les bêtes, du temps des Romains! bien avant la Révolution... l'arène était préparée!...
DÉTRAQUÉ. Quelle reine?
COBALT. Il ne sait pas ce que c'est que l'arène.
POMPÉE. Ah!... moi non plus.
COBALT. L'arène,... le cirque... au moment où Androclès entre, il se trouve en face d'un énorme lion de Gisors!... lequel animal, au lieu de se précipiter sur Androclès, comme c'était sa consigne, se couche tranquillement à ses pieds; il avait reconnu son pédicure!...
DÉTRAQUÉ. Ah!... Bah!...
COBALT, *à part.* Quel cuistre!... (*A Détraqué.*) Tenez, montez-là dessus.
DÉTRAQUÉ. (*Il monte sur l'estrade.*) J'y suis.
COBALT. Ayez l'air d'avoir peur; là... très-bien, ne bougeons plus!... Maintenant, mes amis, je vous permets de chanter un chœur; ça ne fera pas mal dans le paysage.
POMPÉE. Allons-y du chœur des Sabins!...
DÉTRAQUÉ. On va chanter?
COBALT. Oui; ça se fait toujours pendant la pose; pour que le modèle ne s'ennuie pas!...

RONDE DES SABINS.

Air nouveau de M. Marius BOULLARD.

I

CORINNE.

Le peuple romain, dit l'histoire,
En l'an sept cent quarante-neuf,
De sexe était entièrement veuf :
C'est connu, le fait est notoire!
Ce qui fait que dans leur capitale
Ils s'amusaient, ces bons Romains,
A peu près comm' des croût's de pain,
Égarées derrière une malle.

TOUS.

Pif! paf!
Chacun à la ronde
Comme eux ont été...
Pif! paf!
Car dans notre monde,
C'est très-bien porté!

(*On danse sur la ritournelle.*)

II

POMPÉE.

Ces bons Robains de leurs dobaines,
Bartir'nt en chasse un peau batin
Tant le bays le plus voisin,
Pour aller gueillir des robaines
Tombant gomme des sauterelles.
Au bilieu du beuble sapin
Ils enlevèrent d'un coup d' bain
Les fâbes et les demoiselles.

TOUS.

Pif! paff etc.

III

COBALT.

Les Sabins en déconfiture
Ne purent venger cet affront;
Et tout en se grattant le front
Faisaient une triste figure.
Aussi, depuis c' temps, quand un homme
Par son épouse est pavoisé,
Le pauvre mari... framboisé...
Ne s'en va pas le dire à Rome.

Pif! paf!
Chacun à la ronde,
Comme eux ont été...
Pif! paf!
Car dans notre monde,
C'est très-bien porté!

## SCÈNE VIII

LES MÊMES, MONTAUVERT, MADAME MONTAUVERT.

MONTAUVERT. Que vois-je!... une saturnale!...
MADAME MONTAUVERT. Une orgie de la décadence!
DÉTRAQUÉ. Tiens! c'est monsieur Montauvert! bonjour monsieur Montauvert!... (*Il veut descendre.*)
COBALT, *à part.* Le beau-père de Didier!... bigre!... (*A Détraqué.*) Ne bougez pas! vous perdez la pose!...
MONTAUVERT. Mais je ne me trompe pas, c'est Détraqué!...
MADAME MONTAUVERT. Mon ex-gendre, sous un pareil costume!...
DÉTRAQUÉ. C'est un Androclès... une surprise que je vous ménage... ce sera très-réussi!... vous verrez, il paraît que j'ai du galbe!...
MADAME MONTAUVERT. Du galbe!...
COBALT. Nous sommes en train de travailler!...
DÉTRAQUÉ. En famille!...
POMPÉE, *présentant une chaise à madame Montauvert.* Si madame veut prendre la peine de... on ne paie pas les chaises...
MADAME MONTAUVERT. Je ne suis pas fatiguée!... Ah! le vilain homme!
POMPÉE. Elle est encore très-rebondie, cette grosse mère là!
MONTAUVERT. Mais, je ne vois pas M. Didier!!!
DÉTRAQUÉ, *descendant l'estrade.* Monsieur Didier! il va revenir!... je l'attends!...
MADAME MONTAUVERT, *à Cobalt.* Mais, où est-il donc?
COBALT, *à part.* Je ne peux pas leur dire devant l'herboriste... (*Haut.*) Il est allé se commander un costume.
MONTAUVERT. Un costume.
COBALT. Pour une petite soirée!... chez des amis... un costume de polichinelle!...
MONSIEUR ET MADAME MONTAUVERT. Un polichinelle?...
MONTAUVERT. Qu'est ce que j'entends là?...

MADAME MONTAUVERT. Se mettre en polichinelle pour signer un contrat de mariage! ça ne s'est jamais vu?...
DÉTRAQUÉ. Comment!... un contrat de mariage?
MONTAUVERT. Quand monsieur le maire nous attend ceint de son écharpe!...
DÉTRAQUÉ. Hein!... ah çà! mais Didier se marie donc?
COBALT. Voulez-vous remonter là-dessus!... vous perdez la pose?
DÉTRAQUÉ. Laissez-moi tranquille avec votre pose!... Didier se marie! (à Montauvert) avec qui?...
COBALT. Il épouse une marchande de tabac... à la Havane!... Remontez donc sur l'estrade!...
DÉTRAQUÉ. Mais, lâchez-moi donc, avec votre estrade!... (à Montauvert.) Avec qui se marie-t-il?...
MONTAUVERT. Mais avec Herminie, ma fille.
DÉTRAQUÉ. Herminie!... ah! je m'évanouis!... (Il s'évanouit, on le fait asseoir, tout le monde s'empresse autour de lui.)
MONTAUVERT. Allons, bon!... il tombe en syncope!...
COBALT. Ne faites pas attention!... ce n'est que la quatrième fois!...
GRANULÉ. Il a donc pris un abonnement?...
MONTAUVERT. Faites-lui respirer quelque chose!
MADAME MONTAUVERT. Du vinaigre!...
POMPÉE. Inutile!... j'ai son affaire!... (Il met sa pipe sous le nez de Détraqué.) Aglaé va le faire revenir!...
MADAME MONTAUVERT. Monsieur Montauvert!... partons, je ne veux pas rester une minute de plus dans cette tour de Nesle!...
MONTAUVERT. Tu as raison, Aménaïde, partons!
MADAME MONTAUVERT. Oui! tout ça n'est pas clair...
MONTAUVERT. Allons chez Didier!... Monsieur le maire attend, il me faut un gendre quand même; viens, Aménaïde!

MADAME MONTAUVERT. Voilà Anatole!... (Ils sortent au moment où Détraqué revient à lui subitement.)
TOUS. Oh! Anatole... adieu, Anatole!

## SCÈNE IX

LES MÊMES, *moins* MONSIEUR *et* MADAME MONTAUVERT.

DÉTRAQUÉ. Où est-il? le misérable!
GEORGINA. Qui?
DÉTRAQUÉ. Mais, Didier!... Oh! il faut en finir! il aura sa vie, ou j'aurai la mienne!... Non... j'aurai ma vie, ou il aura la sienne... Ah! je ne sais plus ce que je fais; mais il ne sera pas dit qu'on aura fait poser un herboriste!... Mes effets? (Il entre dans le cabinet.)
COBALT. Il faut l'empêcher de sortir!
TOUS. Oui!... Sus à l'herboriste!...
DÉTRAQUÉ, *sortant du cabinet*. Mes effets!... où sont-ils?...
TOUS. A Chaillot!...
DÉTRAQUÉ, *apercevant son paletot entre les mains de Pompée*. Ah! infâme voleur!... veux-tu me rendre mes effets!... (Il veut sortir, on l'en empêche, tumulte, cris; il prend une chaise.) Oui, je suis de Chaillot, le premier qui m'approche, gare les jambes!... (Il jette sa chaise sur les rapins qui se sauvent de tous côtés, au moment de sortir, il se trouve en face de Cobalt qui est devant la porte.) Et toi misérable barbouilleur! Arrière... arrière... (Il prend le tableau qui est sur le chevalet et le crève sur la tête de Cobalt en se sauvant.)
COBALT. Ah!... le Gugusard!... il m'a couronné avec mes Sabines!...

FIN DU PREMIER ACTE

## ACTE DEUXIÈME

### LE DUEL AUX BOUTEILLES

*La chambre de Didier. — A gauche, premier plan, une cheminée ; vis-à-vis, une table ; plus loin, une porte. — A droite, premier plan, un fauteuil ; au second plan, une porte avec une lucarne. — Dans le fond, porte d'entrée à gauche ; à côté, une fenêtre entr'ouverte, laissant voir une corde de badigeonneur ; une commode.*

### SCÈNE PREMIÈRE

DIDIER, *entrant du fond.* Enfin, me voici chez moi ! Que de courses, que de démarches, quand on se marie ! (*Il se déshabille.*) On dit que le mariage est le plus beau jour de la vie ; mais c'est bien aussi le plus fatigant. Hein ? que vois-je ! mon ménage qui n'est pas fait ! Animal de Bastien, heureusement que demain je ne l'aurai plus ! (*Appelant, au fond.*) Bastien, Bastien !

### SCÈNE II

#### DIDIER, BASTIEN.

BASTIEN, *entrant en cirant une botte.* Monsieur a sonné ?
DIDIER. Comment, paresseux, tu n'as rien fait ici ! tout est en désordre, mes bottes ne sont pas cirées.
BASTIEN. Ah bien ! je ne peux pas tout faire à la fois, je suis en train de cirer les miennes !
DIDIER. Comment ! les tiennes ! Il me semble que tu pourrais bien commencer...
BASTIEN. Ah !... Charité bien ordonnée commence par soi-même !
DIDIER. Comment ! animal ! tu te permets !
BASTIEN. Oh ! vous pouvez m'invectiver ! vos injures n'atteindront jamais la hauteur de mes dédains !
DIDIER. Que veut dire ce langage ?
BASTIEN. Ce langage est celui d'un homme qui ne reste jamais plus de huit jours dans la même place ; en voilà neuf que je suis ici, c'est onze de trop ! Ça déborde, faut que j'aille prendre l'air !
DIDIER. C'est bien, je te chasse ! Seulement, comme j'ai besoin de mes bottes, tu vas me faire le plaisir de les nettoyer, et vivement, ou sans quoi, je ne te règle pas ton compte.
BASTIEN. Ah ! bien, si c'est comme ça, passez-les, on va les débarbouiller.
DIDIER. C'est heureux !
BASTIEN. Seulement, quand je vous les rapporterai, si ça ne vous fait rien, vous me réglerez mon compte.
DIDIER. Oui, quand je les aurai aux pieds.
BASTIEN. Hein ?
DIDIER. Allons, dépêche-toi ! Si dans cinq minutes tu ne me les apportes pas, j'irai les chercher, et tes oreilles s'en ressentiront.
BASTIEN. Mes oreilles ! Qu'est-ce qu'elles vous ont fait, mes oreilles ?
DIDIER. Assez ! tu m'entends ? tu as cinq minutes. (*Il rentre à gauche. Bastien le regarde partir sans rien dire, jusqu'à ce que la porte soit fermée.*)

### SCÈNE III

#### BASTIEN, *seul.*

(*Mettant les bottes sous son bras.*) Oh ! ça va finir, c'te vie-là ! Ça fait sa tête parce que ça se marie ! Barbouilleur, va ! Moi aussi, je me marierais, si je pouvais ! Mais ça viendra ! Il y a, en dessous, chez le Ducornet, une petite bobonne, — c'est ça !... nous sommes déjà très-bien ensemble... ça marche, elle m'a donné rendez-vous ce soir à Valentino ; M. Didier me redoit trois francs ; après le bal, je reviens souper à la Maison-Dorée, — en cabinet particulier, — et une fois au dessert... v'lan ! je l'épouse.
DIDIER, *paraissant à la porte.* Eh bien ! tu n'es pas parti ?
BASTIEN, *s'en allant.* Voilà, on y va ! (*A part.*) En v'là un raseur ! (*Au moment où il s'apprête à sortir, on frappe au fond.*) Entrez !

### SCÈNE IV

BASTIEN, DÉTRAQUÉ, *il a remis son paletot ; il est très-pâle.*

DÉTRAQUÉ. Monsieur Didier ?
BASTIEN. C'est ici. (*Détraqué entre vivement.*) Ah ! qu'est-ce que c'est que ça ? Un malade ?
DÉTRAQUÉ. Dites à monsieur Didier que je désire lui parler.
BASTIEN. De la part de qui ?
DÉTRAQUÉ. Eh ! de la mienne, donc ? (*Il tourne le dos à Bastien.*)
BASTIEN. Tiens, vous avez donc reçu un soufflet dans le dos ?
DÉTRAQUÉ. Comment, un soufflet ? (*Il se retourne, il a une main blanche dans le dos.*)
BASTIEN. A la chie-en-lit !
DÉTRAQUÉ. Dites donc, je crois que vous vous moquez de moi ! J'ai beau me retourner, je ne vois rien ! Allez donc me chercher monsieur Didier !

BASTIEN, *appelant, à droite.* Monsieur Didier !
DIDIER, *de sa chambre.* Qu'est-ce qu'il y a ?
BASTIEN. C'est un monsieur qui veut vous parler.
DIDIER. Quel est ce Monsieur ?
BASTIEN. Je ne sais pas. (*A Détraqué.*) Qui êtes-vous ?
DÉTRAQUÉ. Je suis Détraqué.
BASTIEN. Hein ? (*Criant.*) Il est détraqué.
DIDIER, *sortant.* Comment, Détraqué ! que veut dire cette plaisanterie ?
BASTIEN. Dame ! ça se voit bien !
DIDIER, *apercevant Détraqué.* Monsieur !
DÉTRAQUÉ, *saluant.* Monsieur !
DIDIER. Laisse-nous, Bastien.
BASTIEN. Oui, monsieur ! C'est pas possible, c'est un échappé de Charenton ! (*Il sort.*)

## SCÈNE V

### DIDIER, DÉTRAQUÉ.

DIDIER. Monsieur, il n'y a pas d'indiscrétion à vous demander à qui j'ai l'honneur de parler ?
DÉTRAQUÉ. Monsieur, je suis Détraqué.
DIDIER. Oui, c'est convenu, Bastien me l'a déjà dit, c'est un petit malheur, mais ça n'est pas de votre faute, probablement... D'ailleurs, ça doit pouvoir se raccommoder. Les orthopédistes sont inventés pour ça et...
DÉTRAQUÉ, *regardant Didier.* Voilà donc l'homme qui piétine sur ma destinée ! qui m'a filouté mon bonheur !
DIDIER. Monsieur, je me suis déjà fait l'honneur de vous demander...
DÉTRAQUÉ. Oh ! bizarre destin, voilà de tes coups ! Il n'est pas plus beau que moi, cet homme !
DIDIER. Oh ! c'est un malheureux, probablement ; je ne vois qu'un moyen de m'en débarrasser ; tenez, mon ami, je ne suis pas riche, voilà cinquante centimes : quand vous reviendrez, je tâcherai de faire mieux.
DÉTRAQUÉ. Cinquante centimes ! pour qui me prenez-vous ? Je ne demande pas l'aumône !
DIDIER. Ah ! mais alors, qu'est-ce que vous voulez ?
DÉTRAQUÉ. Ce que je veux, misérable, c'est ta vie !
DIDIER, *se faisant un rempart de son fauteuil.* Ah ! dites donc, vous, pas de bêtises ! Vous me demandez beaucoup trop ! Cinquante centimes, c'est dans mes moyens ; mais ma vie, c'est une autre paire de manches, j'y tiens et surtout aujourd'hui !
DÉTRAQUÉ. Il faut cependant qu'avant une heure l'un de nous deux ait pris le chemin de l'éternité !
DIDIER. Oui. — Eh bien, si vous voulez le prendre, ne vous gênez pas ; je vous passe la main ; à vous la pose...
DÉTRAQUÉ. Mais tu ne m'as donc pas compris, insensé ?
DIDIER. Non, vrai. — J'y ai mis toute la complaisance possible ; après ça, c'est peut-être que je suis mal disposé, car votre conversation est on ne peut plus intéressante ; mais vous savez, le jour de son mariage, on n'a pas la tête à soi !
DÉTRAQUÉ. Te marier, toi ! jamais, jamais de mon vivant !
DIDIER. De votre vivant ; soit, mais puisqu'il a été convenu que vous alliez prendre le chemin de... vous savez, je vous ai passé la main ?
DÉTRAQUÉ. Voyons assez de tergiversations... Tes armes ?
DIDIER. Mes armes ? Pourquoi faire ?
DÉTRAQUÉ. Pour nous battre !
DIDIER. Ah ! c'est un duel que vous voulez ?...
DÉTRAQUÉ. Oui, un duel à mort ; j'ai soif de ton sang !
DIDIER. Ah ! quelle drôle de consommation vous choisissez là !
DÉTRAQUÉ. Tu as peur ? Serais-tu un lâche ?
DIDIER. Ah çà mais, dites donc, savez-vous que vous commencez à m'asticoter ? Mais c'est un braque ! qui est-ce qui a laissé entrer cet animal chez moi ! Voyons, à la fin des fins, qui êtes-vous ?
DÉTRAQUÉ. Chrysostôme-Pantaléon Détraqué, herboriste à Chaillot. (Seine.)
DIDIER, *criant.* Oh ! je comprends, c'est mon rival ! Ah ! saperlotte ! vous ne pouviez pas me le dire tout de suite ?
DÉTRAQUÉ. C'est pourtant ce que je fais depuis une heure !... mais vous n'avez pas voulu me comprendre !
DIDIER. C'était difficile ; mais maintenant que votre identité est reconnue, raisonnons un peu : vous deviez épouser la fille de Montauvert...
DÉTRAQUÉ. Et continuer son commerce...
DIDIER. De qui ?
DÉTRAQUÉ. De Montauvert.
DIDIER. Ah ! bon ! vous êtes intéressé, il ne vous manquait plus que cela.
DÉTRAQUÉ. Dame ! en qualité d'herboriste !
DIDIER. On peut bien avoir sa petite ambition, c'est reçu ; à présent, il se trouve que c'est moi qui l'épouse...
DÉTRAQUÉ. Montauvert ?
DIDIER. Non, sa fille !
DÉTRAQUÉ. Oh ! la fatalité.
DIDIER. Elle s'est mal comportée à votre endroit, j'en conviens ; mais je ne peux rien faire à ça.
DÉTRAQUÉ. Alors, battons-nous !
DIDIER. Ah ! bon ! vous y revenez !
DÉTRAQUÉ. Toujours !
DIDIER. Eh bien ! j'accepte.
DÉTRAQUÉ. Enfin !
DIDIER. Seulement, j'y mets une petite condition : c'est que vous allez me laisser finir de m'habiller.
DÉTRAQUÉ. Tout ce que tu voudras, pourvu que tu te battes !
DIDIER. Il est enragé ! Voyons ! — Où sont mes bretelles ! — Satané Bastien ! !
DÉTRAQUÉ. Vous n'avez pas de bretelles ?
DIDIER. Non, et j'avoue que ça me contrarie.
DÉTRAQUÉ, *lui donnant les siennes.* Tiens, voici les miennes.
DIDIER. Hein ! Eh bien, et vous ?

DÉTRAQUÉ. Moi!... je ne tiens plus à rien, maintenant !
DIDIER, *prenant les bretelles.* Son pantalon non plus, alors! *(Il les met.)* S'il pouvait le perdre en route!... J'aurais des chances. *(Détraqué s'est assis.)* Allons, bon, la blanchisseuse n'a pas apporté ma cravate blanche.
DÉTRAQUÉ. Une cravate blanche? A quoi bon ?
DIDIER. Comment, à quoi bon ? Mais vous pensez bien, cher Monsieur Chrysostôme, que si j'ai le bonheur, — non, la douleur de vous occire, après ce petit exercice, j'irai tranquillement signer mon contrat de mariage...
DÉTRAQUÉ. C'est juste. *(Il ôte sa cravate.)* Tiens, voici la mienne. Je la réservais à un meilleur usage.
DIDIER, *prenant la cravate.* Merci bien... c'est un bien bon jeune homme, quoiqu'herboriste, nà! Maintenant que je suis prêt... que faisons-nous ?
DÉTRAQUÉ. Partons sur le terrain !...
DIDIER. Sur le terrain;—bon ; mais, avec quoi?
DÉTRAQUÉ. J'ai des épées chez moi, nous les prendrons en passant...
DIDIER. Des épées ! Ah ! non ! je ne me bats pas à l'épée!
DÉTRAQUÉ. Pourquoi ?
DIDIER. Je suis gaucher...
DÉTRAQUÉ. Ah ! tant pis ! Alors aux pistolets ; j'en ai chez moi.
DIDIER. Aux pistolets ! jamais !...
DÉTRAQUÉ. Pourquoi?
DIDIER. Je suis myope !
DÉTRAQUÉ. Malédiction ! Comment faire ? Il faut pourtant que nous nous battions !
DIDIER. Sans doute ! *(A part.)* Il y tient. Écoutez-moi, mon cher Pantalon, il n'y a qu'une seule arme qui puisse me convenir...
DÉTRAQUÉ. Laquelle ?
DIDIER. C'est le canon. — Or, comme je pense que vous ne pouvez pas vous en procurer, laissons ça là, et n'en parlons plus.
DÉTRAQUÉ. Des canons, j'en ai chez moi !
DIDIER. Aussi ? Ah çà ! mais il a donc de tout chez lui ! Est-ce que vous logez à l'Arsenal ?
DÉTRAQUÉ. A peu près; — attendez-moi, — les canons que je vais vous apporter sont de ma composition : vous m'en direz des nouvelles : — si vous en revenez...
DIDIER, *abasourdi.* Je n'en reviens pas ; enfin!
DÉTRAQUÉ. Dans un quart d'heure, je serai ici : ne vous impatientez pas. *(Il sort et ferme la porte à clef.)*

## SCÈNE VI

### DIDIER, seul.

DIDIER. Hein? il m'enferme ! *(Criant.)* Dites donc ! mais ça ne se fait pas !
DÉTRAQUÉ, *au dehors.* Je reviens dans un quart d'heure !
DIDIER. Ne revenez pas du tout, j'aime mieux ça. Ah mais ! il commence à m'agacer le système, ce disciple d'Esculape ! s'il revient, je descends avec lui, et je le fais pincer par le premier sergent de ville qui me tombe sous la main... *(Passant devant la glace.)* Ah ! je suis affreux ; en causant avec cet iroquois, j'ai oublié de me raser ; voyons, dépêchons-nous ; Il n'est que midi, j'ai encore une bonne heure à moi. *(On entend un bruit de serrure.)*

## SCÈNE VII

### DIDIER, *puis* BASTIEN.

DIDIER. Qui vient là ? Serait-ce déjà mon gêneur d'herboriste ? *(Bastien entre.)* Ah ! c'est toi ?
BASTIEN. Oui, Monsieur, je viens chercher mes certificats.
DIDIER. Où sont mes bottes?
BASTIEN. Je viens de les vernir : elles sont en train de chesser.
DIDIER. Comment ! tu les as vernies ? mais c'est du veau, ça ne se vernit pas !
BASTIEN. Tiens, c'est bien plus brillant *(à part)* et beaucoup moins long.
DIDIER. Elles doivent être dans un joli état ! Enfin, apporte-les tout de même ! Je rentre dans ma chambre ; si on me demande, je n'y suis pour personne.
BASTIEN. Oui, Monsieur, mais... mes certificats ?
DIDIER. Quand je serais rasé. *(Il entre dans sa chambre.)*

## SCÈNE VIII

### BASTIEN, *puis* RABASSON.

BASTIEN. Quand il sera rasé ! C'est moi qui le suis, rasé ! Ah ! ça va finir, cette vie-là ! *(Rabasson paraît au fond.)*
RABASSON. Monsieur Didierre?
BASTIEN. S'il vous plaît.
RABASSON. Je vous demande Monsieur Didierre.
BASTIEN. Ah ! Monsieur Didier...
RABASSON. Eh ! oui, donc, monsieur Didierre ! qu'on m'a dit que c'était ici...
BASTIEN. Oui, monsieur ; c'est ici, mais il n'y est pas.
RABASSON. Ah ! et où est-ce qu'il est donc ?
BASTIEN. Il est sorti.
RABASSON. Sorti ! troun de l'air ! quel contretense !
BASTIEN, *à part.* Troun de l'air ! C'est un Allemand !
RABASSON. Est-ce qu'il est allé bien loingne ?
BASTIEN. Loingne !... non ; il est allé prendre un baingne ! *(A part.)* Je lui parle sa langue, ça doit lui faire plaisir.
RABASSON. Quand est-ce qu'il reviendra ?
BASTIEN. Dans quinze jours.
RABASSON. Quinze jours? Qu'il a donc bien besoin de se savonner ?
BASTIEN. Dame ! vous comprenez, quand on se marie !

RABASSON. Se marier !... Ah ! nous se verrons avant, Bagasse ! !
BASTIEN, *à part*. Ce n'est pas un Allemand, c'est un Anglais !
RABASSON, *s'asseyant*. Je s'installe ici jusqu'à ce qu'il soit revenu.
BASTIEN. Hein ? Mais, mon cher monsieur troun de l'air, vous ne pouvez pas rester ici quinze jours !
RABASSON. Quinze jours ! trente, septante ; je m'en moque ; je veux voir monsieur Didierre, et je le verrai, mille bouillabaisses !
BASTIEN. Quel drôle de baragouin !
RABASSON. Vois-tu, *pitchoun*, j'ai promis à Gratemboul de lui ramener monsieur Didierre, et je tiendrais mes promesses, bagasse !
BASTIEN. Gratemboul ! Qu'est-ce que c'est que ça ?
RABASSON. C'est mon ami, et mon meilleur client ; il est fabricant de z'yeux en émail pour les animals empaillés...
BASTIEN. Quels animals ?
RABASSON. Eh donc ! ceusses qu'ils sont chez les fourreurs et les *naturalisses* !
BASTIEN. Ah ! je vois ça d'ici ! les descentes de lit !
RABASSON. Pour lorsse, Gratemboul il me dit : Rabasson, puisque tu t'en vas à *Parisse*, il faut que tu me rendes un service : — Quatre, — que je dis : — Voilà, Rabasson : il y a Parisse un gredin nommé Didierre, qui m'a enlevé ma nièce Virginie ; il faut absolument que tu le retrouves, et que tu le ramènes mort ou vif.
BASTIEN. Monsieur Didier a enlevé votre nièce ?
RABASSON. Non ; celle de Gratemboul !
BASTIEN, *à part*. Tiens, tiens ! C'est bon à savoir, ça !
RABASSON. Alorsse, j'ai pris le *semin de ferre*, je suis descendu dans le premier *staminet* venu, j'ai cherché dans l'Almanach des vingt-cinq mille-z-adresses celle de Monsieur Didierre ; je l'ai trouvée, et maintenant que je suis chez lui, il faut que je le trouve, que je l'emmène à Marseille avec sa Virginie pour qu'il répare l'honneur de Gratemboul en l'épousant.
BASTIEN. Mais puisqu'il se marie aujourd'hui !
RABASSON. Avec qui ?
BASTIEN. Avec la fille de Monsieur Montauvert.
RABASSON. Montauvert !.. jamais ! Ah ! troun de l'air ! il épousera Virginie, ou j'y perdrai plutôt mon nom, bagasse !
BASTIEN (*à part*). Ah ! ma foi, monsieur Didier va venir, qu'ils s'arrangent ! je vais faire ma malle.
RABASSON. Tu t'en vas, le petit.
BASTIEN. Je vais chercher les bottes de Monsieur Didier. (*Il va pour sortir :* Détraqué *entre avec une bouteille sous chaque bras.*) Tiens, encore l'herboriste, avec des fioles ! — Dites donc, est-ce que vous allez prendre un à-compte sur la noce !
DÉTRAQUÉ. Oui !
BASTIEN. Tiens, il faudra qu'il je leur dise deux mots, à ces fioles !
(*Il sort.*)

## SCÈNE IX

RABASSON *assis*, DÉTRAQUÉ.

DÉTRAQUÉ. Oui, je vais prendre un à-compte sur la noce !... avec le misérable qui m'a ravi mon bonheur ! Dans un quart d'heure, l'un de nous deux aura vécu !
RABASSON, *regardant Détraqué*. Té ! un particulier en négligé... il n'a pas de bottes !... C'est mon gredin !... *Monsu* !...
DÉTRAQUÉ, *saluant*. Monsu !... (*A part.*) Un importun !
RABASSON. Monsu, je vous attendais !
DÉTRAQUÉ. Ah !!
RABASSON. Vous ne s'attendiez pas à me trouver ici ?
DÉTRAQUÉ. Non.. et j'avoue que...
RABASSON. Je suis Rabasson...
DÉTRAQUÉ. Rabasson... (*A part.*) Serait-ce le fameux lutteur, le rempart de Strasbourg.
RABASSON. Rabasson, de Marseille.
DÉTRAQUÉ, *à part*. De Marseille !. plus de doute, c'est lui. (*Haut.*) Monsieur, j'ai beaucoup entendu parler de vous, mais je n'ai pas celui de vous connaître !
RABASSON. Je s'en doute... je suis venu à Paris pour vous demander : Qu'as-tu fait de Virginie ?
DÉTRAQUÉ. Quelle Virginie !
RABASSON. Eh donc ! la nièce de Gratemboul, que tu l'as enlevée !
DÉTRAQUÉ. Moi, j'ai enlevé... mais je ne connais pas de Gratemboul !
RABASSON. Tu ne connais pas de Gratemboul de Marseille.
DÉTRAQUÉ. Mais non, je ne connais que le savon, de Marseille.
RABASSON. Et Manteau-vert ? tu ne le connais pas non plus ?
DÉTRAQUÉ. Manteau-vert ?
RABASSON. Et la petite Manteau-vert ? Tu ne la connais pas non plus ? Que le mariage, il doit se faire aujourd'hui ?
DÉTRAQUÉ, *à part*. Ah çà ! qu'est-ce que c'est que cet homme-là ?
RABASSON. Ce mariage, il ne se fera pas !
DÉTRAQUÉ, *à part*. Mais j'y compte bien !
RABASSON. Je te tiens, et tu vas venir avec moi !
DÉTRAQUÉ. Avec vous ! où ça ?
RABASSON. A Marseille !
DÉTRAQUÉ. A Marseille ?
RABASSON. Avec Virginie... que tu vas me dire où ce qu'elle est, et que je l'emmène aussi à Marseille, pour que tu l'épouses *médiatement*.
DÉTRAQUÉ. Epouser Virginie... que je n'ai jamais vue, jamais ! (*A part.*) Mais qu'est-ce que ça peut être que cet animal-là ?..

## SCÈNE X

LES MÊMES, BASTIEN, *apportant les bottes*.

BASTIEN. V'là les bottes : elles sont *chessées* !
RABASSON. Les bottes ! bien ; je m'en empare ! (*Il les prend*).

BASTIEN. Mais c'est les bottes à Monsieur Didier !
RABASSON. Je le sais bien ; mais je l'emmène avec moi !
BASTIEN. Vous l'emmenez ?.. Où donc ?
RABASSON. A Marseille.
DÉTRAQUÉ. Didier aussi ?... Ah çà ! il veut donc emmener tout le monde à Marseille ?
RABASSON, à Bastien. Va me chercher une voiture ?
BASTIEN. Une voiture ?.. pourquoi faire ?
RABASSON. Ca ne te regarde pas.. Va chercher une voiture, troun de l'air !

## SCÈNE XI

### DÉTRAQUÉ, RABASSON.

BASTIEN, se sauvant. On y va ! (A part.) Ça n'est pas un Anglais, c'est un boule-dogue. (Il sort.)
DÉTRAQUÉ, à part. Mais s'il reste ici, il va me faire manquer mon duel ; il faut absolument que je m'en débarrasse !
RABASSON. Tiens, voilà les bottes, dépêche-toi, que nous allons partir...
DÉTRAQUÉ. Les bottes ; mais ce ne sont pas les miennes ; Ah ! ma foi, tant pis ! Je vais les mettre... Je serai toujours mieux. (Il les met.)
RABASSON. Nà, maintenant, en route !
DÉTRAQUÉ. (A part.) En route ! — Ah ! mais non ! Gagnons du temps. (Haut.) Ecoutez, monsieur Rabasson, je veux bien partir avec vous, et épouser mademoiselle Virginie ; mais, avant de partir, il faut absolument que je termine une affaire avec un ami qui va venir ; accordez-moi seulement dix minutes, et passé ce temps, je vous donne ma parole d'honneur de partir avec vous.
RABASSON. Pécaïre ! c'est une couleur pour m'échapper.
DÉTRAQUÉ. Oh ! je vous jure ! — Tenez, entrez là. (Il ouvre un cabinet à droite.) Dix minutes seulement.
RABASSON. Je veux bien, mais dépêche-toi. (Il va pour entrer, se ravisant, va fermer la porte du fond et en prenant la clef.) Comme ça, mon bon, tu ne m'échapperas pas ; on est de Marseille ; mais on n'est pas bête ! (Il entre dans le cabinet. Détraqué ferme la porte à clef.)

## SCÈNE XII

### DETRAQUÉ, puis DIDIER.

DÉTRAQUÉ. Enfin ! le voilà sous clef !.. On est de Chaillot, mais on n'est pas bête ! Maintenant, préparons tout pour le sacrifice ! (Il met les bouteilles sur la table. Didier sort de sa chambre.)
DIDIER. Nà, me voilà prêt... hein ! Encore l'herboriste !
DÉTRAQUÉ. Tout est prêt, nous n'avons plus qu'à engager le feu...
DIDIER. Quel feu !
DÉTRAQUÉ. Voilà les canons demaudés !
DIDIER. Qu'est-ce que c'est que ça ?

DÉTRAQUÉ. Deux bouteilles de Bordeaux, dont une seule est empoisonnée ! Nous allons les mêler dans un mouchoir, nous en boirons chacun une ; et le hasard décidera...
DIDIER. Boire du vin empoisonné, jamais !
DÉTRAQUÉ. Vous hésitez ?
DIDIER. Je n'hésite pas, je refuse tout simplement !
DÉTRAQUÉ. Ah ! vous avez peur !
DIDIER. J'ai peur, j'ai peur ! — Vous êtes charmant ! Je voudrais bien vous voir à ma place !
DÉTRAQUÉ (montrant ses bottes). Mais j'y suis à ta place.
DIDIER. C'est juste.
DÉTRAQUÉ. C'est même trop juste !
DIDIER. Mais voyons, raisonnons, mon cher Démanché... ça n'a pas le sens commun ce que vous me proposez là ! car enfin, si je tombe sur la mauvaise bouteille, je ne peux plus me marier !
DÉTRAQUÉ. C'est justement ce que je désire !
DIDIER. Vous êtes bien bon ; mais d'un autre côté, si c'est vous qui avez la main malheureuse, on m'accusera de vous avoir empoisonné, et ça sera encore plus désagréable pour moi !
DÉTRAQUÉ, tirant deux papiers de sa poche. J'ai tout prévu : voici deux déclarations d'empoisonnement volontaire que chacun de nous doit signer afin de justifier le survivant.
DIDIER. Voyons : (Lisant.) « Le poison a été « préparé par moi, qu'on n'accuse personne de « ma mort ; je suis le seul coupable. » Ah ! c'est charmant ; on n'est pas plus prévoyant !
DÉTRAQUÉ. maintenant signons. (Il signe une déclaration et passe la plume à Didier.) A vous !
DIDIER, la plume à la main. Mais c'est absurde ! On n'a jamais vu de duel pareil !
DÉTRAQUÉ, débouchant une bouteille. Voici la vôtre !.. (Il s'apprête à déboucher l'autre.) Et voilà la mienne !
DIDIER, jetant la plume. Non, je ne boirai jamais cette infamie-là !
DÉTRAQUÉ. Vous boirez ; — Je vous y forcerai plutôt.
DIDIER. De la violence ! ah ! mais ! (On frappe au fond.) Entrez !
DÉTRAQUÉ. N'entrez pas ! ah ! justement la porte est fermée.
DIDIER. Bon ! je vais l'ouvrir alors ! (Il va pour entrer, Détraqué l'en empêche.)
DÉTRAQUÉ. Vous n'ouvrirez pas avant que nous n'ayons trinqué.
DIDIER, se débattant. Voulez-vous me lâcher !..
DÉTRAQUÉ. Buvez !
DIDIER. Jamais ! (Il se débarrasse de Détraqué qu'il jette sur un fauteuil et va ouvrir.)

## SCÈNE XIII

### LES MÊMES, MONTAUVERT, MADAME MONTAUVERT, HERMINIE.

MONTAUVERT. Ah çà ! mon gendre que faisiez-vous donc ?.. Vous nous faites faire le pied de grue à la porte...
DIDIER. Beau père, je...

MONTAUVERT, *apercevant les bouteilles.* Que vois-je? des bouteilles! des liqueurs!... comment, mon gendre, vous vous livrez à la boisson pendant que monsieur le maire nous attend ceint de son écharpe ?..
HERMINIE. Que signifie?
DIDIER. Je vais vous dire...
DÉTRAQUÉ, *le prenant à part.* Pas un mot de notre duel; nous reprendrons cette conversation.
DIDIER, *à part.* Il me propose de renouveler, merci!
MONTAUVERT. Voyons; m'expliquerez-vous... (*Apercevant Détraqué.*) Oh! mais je ne me trompe pas, c'est Détraqué!
DÉTRAQUÉ. Moi-même, monsieur Montauvert.
MONTAUVERT. Par quel hasard êtes-vous ici?
DÉTRAQUÉ. Je passais, et alors...
MONTAUVERT. Vous connaissez donc Didier?
DÉTRAQUÉ. Beaucoup, nous sommes de vieux amis, alors je passais, et en passant...... tenez, nous allons boire à son heureux hyménée.
MONTAUVERT. Tout ça n'est pas clair... (*On entend Rabasson frapper dans le cabinet.*) Qu'est-ce que c'est que cela?
MADAME MONTAUVERT. On a frappé dans ce cabinet.
DÉTRAQUÉ, *se mettant devant la porte.* Ce sont... des maçons qui réparent la cheminée!
DIDIER. La cheminée! Mais il n'y en a pas!
MONTAUVERT. Serait-ce une femme?
DIDIER. Ah! beau-père! me soupçonner!
HERMINIE. Une femme! Ah! maman, quelle horreur!
DIDIER. Mais je vous assure que j'ignore... et je vais vous prouver...
MONTAUVERT, *l'arrêtant.* Restez, je vais moi-même... (*Il va pour ouvrir le cabinet au moment ou Rabasson passe sa tête par la lucarne.*)
RABASSON. Les dix minutes sont passées, troun de l'air!
MONTAUVERT. Quel est cet homme?
DIDIER. Je ne le connais pas.
RABASSON. Eh! qu'est-ce qu'ils ont tous à me regarder! Ouvrez-moi la porte, ou je l'enfonce, bagasse!
MONTAUVERT Que faites-vous là?
RABASSON. Je viens de Marseille.
MONTAUVERT. Par cette lucarne?
RABASSON. Non, par le *cemin* de fer.
DIDIER. Sortez, monsieur.
RABASSON. Mais je ne peux pas, bagasse! que je suis enfermé! (*Didier lui ouvre.*)

## SCÈNE XIV

LES MÊMES, RABASSON.

RABASSON. Ah! ça fait du bien de respirer. J'étouffais là dedansse!
MONTAUVERT. Qui vous a enfermé là?
RABASSON. Eh! c'est monsieur Didierre, que voilà! (*Il montre Détraqué.*)
MONTAUVERT. Mais, monsieur n'est pas Didier!

RABASSON. Il n'est pas Didierre? Mais qu'est-ce qu'il est donc?
DÉTRAQUÉ. Je suis Détraqué!
RABASSON. Vous êtes Détraqué! Ça n'est pas une raison, pourquoi que vous me dites que vous êtes Didierre?..
DÉTRAQUÉ. Je ne vous ai pas dit cela : vous m'avez pris pour Didier, et je vous l'ai laissé croire!
RABASSON. Alors, c'est donc que vous vous moquiez de moi?... Bagasse! (*Il veut se jeter sur Détraqué. Montauvert le retient.*)
MONTAUVERT. Voulez-vous rester tranquille, à la fin. Voyons, que voulez-vous à Didier?
RABASSON. Je veux qu'il épouse Virginie!
MONTAUVERT. Quelle Virginie?
RABASSON. La nièce de mon ami Gratemboul qu'il a enlevée! (*Tout le monde pousse un cri.*)
MADAME MONTAUVERT. Un enlèvement!
DIDIER. Moi... j'ai enlevé!... Mais, c'est une infamie!
MONTAUVERT. Monsieur, une pareille conduite le jour même de votre mariage... c'est de la dernière incongruité!
DIDIER. Mais je vous certifie...
MONTAUVERT. Assez, monsieur.... Quand monsieur le maire nous attend, ceint de son écharpe!...
DIDIER. Mais, beau-père...
MONTAUVERT. Je ne le suis pas encore, Dieu merci; je vous retire ma fille!
DIDIER. Hein?
DÉTRAQUÉ, *à part.* Je jubile intérieurement!
MADAME MONTAUVERT. Mais le maire attend toujours!
MONTAUVERT. Nous y allons, et comme je ne veux pas avoir dérangé pour rien ce fonctionnaire, je redonne ma fille à Détraqué.
DÉTRAQUÉ. A moi! ô bonheur!
DIDIER. Mais c'est impossible! je suis innocent!
MONTAUVERT. Laissez-moi, monsieur...Tout est rompu. Je ne veux plus rien avoir de commun avec un séducteur... qui, le jour de ses noces, se déguise en polichinelle!
DIDIER. En polichinelle?
MONTAUVERT. Viens, ma fille! (*A Rabasson.*) Monsieur, vous m'avez rendu un immense service, et si vous voulez me faire l'honneur d'assister à la noce, vous êtes invité!
RABASSON. A la noce! troun de l'air! Je ne demande pas mieux, té!
MONTAUVERT. Maintenant, en route pour la mairie! (*Tout le monde sort. Didier tombe anéanti sur un fauteuil.*)

## SCÈNE XV

DIDIER, RABASSON.

DIDIER. Eh bien, me voilà gentil!... plus de mariage... plus d'avenir... plus rien!
RABASSON. A nous deusse, monsieur Didierre!...
DIDIER, *surpris.* Hein? comment! c'est vous! vous avez osé rester là?
RABASSON. J'ai à vous parler.

DIDIER. Mais je n'ai rien à démêler avec vous ; je ne vous connais pas !
RABASSON. Eh ! du calme, donc !
DIDIER. Du calme ! Mais je vous trouve superbe ! Comment, monsieur, au moment où j'allais m'unir à une fille charmante, vous tombez au milieu de mon bonheur comme un chien dans un jeu de quilles... Vous vous asseyez sur ma destinée... et vous voulez que je sois calme !... Mais savez-vous que c'est affreux ce que vous avez fait là ! et que j'aurais le droit de vous en demander raison !
RABASSON. Je n'en veux pas, de raisons ; où est-ce qu'est Virginie ?
DIDIER. Est-ce que je sais ! Je ne l'ai jamais vue, votre Virginie !
RABASSON. Vous êtes pourtant bien monsieur Didierre, peintre, que voilà votre nom et votre demeure que j'ai trouvés dans l'Almanach des 25.000 z'adresses : Monsieur Victor Didierre, 33, rue des Marais-Saint-Germain.
DIDIER. Victor Didier, rue des Marais-Saint-Germain ! mais ce n'est pas moi ! Je me nomme Raphaël Didier, et vous êtes rue des Marais-Saint Martin !
RABASSON. Bagasse ! c'est donc que je me suis trompé !
DIDIER. Mais alors, je suis sauvé ! je cours à la mairie !
RABASSON. Minute ; je ne suis pas sûr qu'il n'y a pas de la gabegie là-dessous !
DIDIER. Mais, puisque je vous affirme !...
RABASSON. Je vais s'en informer. Attendez-moi ; je prends une voiture, je cours chez l'autre Didierre, et si c'est mon homme, je vous promets de vous blanchir aux yeux du Montauvert.
DIDIER. Mais pendant ce temps-là, le mariage de mon rival sera consommé !
RABASSON. Ne craignez de rien ! je vais passer à la mairie, j'emmène le beau-père, et si je réussis, vous épouserez la petite. Ne bougez pas d'ici.
DIDIER. Allons, je me résigne ! (*Rabasson sort*.)

## SCÈNE XVI

### DIDIER, COBALT.

COBALT, *entre et se cogne contre Rabasson*. Pardon, monsieur !... En voilà un ours ! Qu'est-ce que c'est que ce paroissien-là ?
DIDIER. Ah ! mon ami ! c'est une tuile qui m'est tombée de Marseille !
COBALT. Une tuile !
DIDIER. Une bombe qui vient d'éclater au milieu de mon contrat de mariage.
COBALT. Qu'est-ce que ça veut dire ?
DIDIER. Cela veut dire que je ne me marie plus, provisoirement, du moins. A l'heure qu'il est, Détraqué est peut-être en train de signer à ma place.
COBALT. L'herboriste ?
DIDIER. Oui, mon ami ! Tout est embrouillé ! Il y a une Virginie que j'ai soi-disant enlevée. Un autre Didier qui demeure dans le faubourg Saint-Germain ; enfin, il faut que j'attende le retour de cet habitant de la Canebière qui doit réparer tout ce qu'il a démoli !
COBALT. Qu'est-ce que c'est que ce galimatias-là ! Mais, mon pauvre ami, tu déménages !
DIDIER. Tu as raison... je ne sais plus ce que je dis, je ne sais plus ce que je fais, je sens ma cervelle qui s'en va, je frise la folie !
COBALT. Voyons, remets-toi ! Tiens, bois un bon verre de vin, ça te fera du bien. (*Il lui présente un verre de vin*.)
DIDIER. Oui, donne !... Ah ! non, celui-là, jamais !
COBALT. Pourquoi ?
DIDIER. Il est empoisonné !
COBALT. Empoisonné !
DIDIER. Par Détraqué qui a apporté ces deux bouteilles pour nous battre en duel !
COBALT. Se battre avec des bouteilles !
DIDIER. Il y en a une des deux qui est empoisonnée.
COBALT. Eh bien ! c'est une jolie partie qu'il te proposait là. (*Apercevant les deux déclarations*.) Qu'est-ce que c'est que ça. (*Il lit*.) Ah ! quelle idée !
DIDIER. Quoi ?
COBALT. Nous le tenons !
DIDIER. Qui ?
COBALT. L'herboriste.
DIDIER. Comment ?
COBALT, *montrant l'acte*. Avec ceci, je me charge d'arrêter net son mariage et de le faire courir.
DIDIER. Je ne te comprends pas !
COBALT. Nous allons lui faire croire qu'il t'a empoisonné... Couche-toi, mets pas mal de poudre de riz et simule l'empoisonnement... Moi je cours à la mairie le chercher !
DIDIER. Tu crois que ça prendra ?
COBALT. J'en réponds... Les amis sont en bas qui m'attendent, ils me seconderont, rentre dans ta chambre, et sois le plus malade possible.
DIDIER. Allons, à la grâce de Dieu ! (*Il entre dans sa chambre*.)

## SCÈNE XVII

### COBALT, puis BASTIEN.

COBALT. Ah ! brigand de Détraqué ! tu veux souffler la fiancée des camarades, toi ! Eh bien, tu n'as qu'à préparer tes jambes, je vais te faire aller !
BASTIEN. Bonjour, monsieur Cobalt ; est-ce que monsieur Didier est parti ?
COBALT. Non, il est dans sa chambre, qu'est-ce que tu lui veux ?
BASTIEN. Je viens chercher mes certificats.
COBALT. Ne le dérange pas en ce moment ; il est très-malade.
BASTIEN. Malade ? Tiens, qu'est-ce qu'il a donc ?
COBALT. Des coliques ; ça vient de lui prendre tout d'un coup... veille sur lui, je vais chercher le médecin. (*Il sort*.)

## SCÈNE XVIII

BASTIEN, *seul*.

Des coliques, le jour de son mariage; elle est mauvaise!... Tiens, on gobelottait ici!... Ah! je comprends la maladie du bourgeois!... il aura trop sifflé avant la noce! Ivrogne, va! Il a de l'œil ce petit vin-là! (*Il prend le verre.*) Faut que je cause un brin avec lui! (*Il boit.*) A la santé du bourgeois!

## SCÈNE XIX

BASTIEN, RABASSON.

RABASSON. Trounn de l'air! je viens de la rue des Marais-Saint-Germain, n° 25 ; pas plus de Didierre que dans mon œil! La maison, il est démolie, il est remplacée par une caserne de pompiers; je n'ai pas trouvé non plusse la mairerie; je ne savais pas son adresse. Je suis en nage. Je se rafraîchirais volontierse; tiens, le Pitchounn. Qu'est-ce que tu fais là? Tu te se rafraîchis?

BASTIEN. Non, je rinçais les verres!

RABASSON. Qu'est-ce que c'est que ça?... Du bordeaux? Je vais te m'en offrir une gorgée. (*Il boit.*) A la tienne, *Pitchounn!*

BASTIEN. Il est bon, n'est-ce pas?

RABASSON. Mais oui, troun de l'air!

BASTIEN. Seulement, ça n'est pas du supérieur!

RABASSON. Eh! tu l'as donc goûté?

BASTIEN. Mais non, ça se voit à la couleur.

RABASSON. La couleur! C'en est une que tu me fais; où est-ce qu'il est, monsieur Didierre?

BASTIEN. Il est couché, il a la colique!

RABASSON. Il est malade? je comprends; il a peur que son mariage il réussisse pas; tu lui diras que je s'occupe de son affaire; je vais chez le Manteauvert; si les bouteilles, elles sont à Détraqué, je les emporte, nous les finirons à la noce. (*Il sort.*)

## SCÈNE XX

BASTIEN, *seul*.

Eh bien, il ne se gêne pas, le Marseillais! Il emporte les bouteilles! je leur aurais bien encore dit deux mots!... Ah çà! est-ce que M. Didier va rester couché toute la journée? Et mes certificats!... Et mon compte qui n'est pas réglé! Ah! ça va finir, cette vie-là! Je vais le réveiller, tant pis!

## SCÈNE XXI

BASTIEN, DÉTRAQUÉ, *puis* COBALT.

DÉTRAQUÉ, *arrivant pâle, essoufflé, ahuri*. Ouf! J'ai lâché la noce un moment. J'avais oublié mes bouteilles! Si quelqu'un avait eu le malheur d'y toucher... Homicide involontaire, vingt années de travaux forcés! Eh bien! où sont-elles donc?

BASTIEN. Quoi?

DÉTRAQUÉ. Les bouteilles qui étaient là?

BASTIEN. Les fioles de Bordeaux? C'est le Marseillais qui les a emportées!

DÉTRAQUÉ. Monsieur Rabasson? Où est-il?

BASTIEN. Chez Monsieur Montauvert.

DÉTRAQUÉ. Chez mon beau-père? J'y cours. (*Il va pour sortir, et se trouve en face de Cobalt qui ferme la porte.*)

COBALT. Ah! vous voilà! A nous deux, Lucrèce Borgia!

DÉTRAQUÉ. Lucrèce Borgia! Que voulez-vous dire?

COBALT. Vous ne sortirez pas; vous avez empoisonné mon ami!

DÉTRAQUÉ. Hein? Quel ami?

COBALT. Didier!

DÉTRAQUÉ. Moi!

COBALT, *lui montrant son acte*. En voici la preuve, signée de votre main!

DÉTRAQUÉ. Ma déclaration! Mais je ne comprends pas!...

COBALT, *montrant la chambre de Didier*. Votre victime est là! vous lui avez versé la moitié d'une bouteille de vin empoisonné.

DÉTRAQUÉ. Mais non!

COBALT. Ne niez pas! Voici qui vous condamne, de plus, les bouteilles portent votre marque; à l'heure qu'il est, vous en avez pour vingt ans de travaux forcés!

DÉTRAQUÉ. Vingt ans!

COBALT. Nierez-vous que le vin que vous avez apporté était empoisonné?

DÉTRAQUÉ. Je ne le nie pas, mais...

BASTIEN. Le vin?... Quel vin donc?

COBALT. Celui qui était là! Vous avez fait disparaître les bouteilles!

BASTIEN. Les bouteilles!... qui étaient là? ah! ah! (*Il chancelle et tombe sur un fauteuil.*)

COBALT. Eh bien! qu'est-ce qu'il lui prend à celui-là?

BASTIEN. Le vin!... j'en ai bu aussi!

DÉTRAQUÉ. Ah! malheureux.

COBALT. Deux victimes! Quarante années de travaux forcés!... Je cours chez le commissaire lui remettre votre déclaration, et dans un quart d'heure vous serez à Cayenne!

DÉTRAQUÉ. A Cayenne!... Grâce! (*On frappe au fond et on entend crier:*) Au nom de la loi, ouvrez!

COBALT. Ah! voici la garde!

DÉTRAQUÉ. La garde! (*Bastien crie au secours! Tais-toi donc, misérable! (Il lui met un des coussins sur la figure, on continue de frapper au fond.*) Que faire?... Où me cacher?... Ah! là!... (*Il va pour sortir par la porte de Didier, celui-ci paraît sur le seuil, très-pâle et enveloppé dans une couverture.*) Ciel! ma victime!... Miséricorde!... Où fuir? (*Il aperçoit la croisée.*) Ah! cette croisée! (*Il saute par la croisée.*)

COBALT. Hein!... Il s'est jeté par la fenêtre! Bigre! ça devient sérieux! (*Il aperçoit une corde de badigeonneur pendant en dehors.*) Ah! c'est par là qu'il s'est sauvé! (*A Didier.*) Recouche-toi! (*Didier rentre dans sa chambre.*) Ah! gredin! Je te rattraperai! (*Il enjambe la croisée et monte après la corde.*)

BASTIEN, *qui est resté sur le fauteuil, crie toujours :*) Au secours! Du vinaigre!... Un pharmacien! (*Il pousse un cri et se sauve par le fond en se tenant le ventre*). Ah!!

FIN DU DEUXIÈME ACTE.

## ACTE TROISIÈME

#### CHEZ MONTAUVERT.

Le théâtre représente l'arrière-boutique d'un marchand fourreur. — Un comptoir à gauche, avec un énorme pélican dessus; à droite, un lion; au fond, à gauche, une baignoire derrière un paravent; à côté, la porte d'entrée; plus loin, une cheminée. A droite, premier plan, un canapé; deux portes latérales à droite et à gauche. Diverses peaux accrochées çà et là..

### SCÈNE PREMIÈRE

PITOU, CLAPOTE (à table).

CHŒUR.

Air : *C'est fini, nous voilà maîtresses ici!...*
(Bohémiens de Paris.)

En avant,
Le bon vin, l' sentiment!
Que la fête
Soit complète.
Les bourgeois n'y sont pas, c'est charmant.

PITOU.

Clapote, votre prunelle,
Brille que c'est un vrai flambeau !
Pour n' pas s' sentir brûlé par elle.
Faudrait être un fameux *animeau!*....

Belle Clapote, je porte un *kiosque* à vos jolis yeux !...

CLAPOTE. A votre santé, monsieur Pitou! (*Ils trinquent.*) Savez-vous que vous êtes joliment aimable !...

PITOU. Aimable et sensible, c'est la devise du petit dieu Cupidon !

CLAPOTE. Cupidon ! qu'est-ce que c'est que ça.

PITOU. C'est le caporal d'ordonnance dont auquel on emboîte le pas pour faire les voyages à Cyterne !...

CLAPOTE. Cyterne!... Où prenez-vous ça ?...

PITOU. C'est un charmant pays, où que les belles y sont heureuses comme des *Coqs en Plâtre*, nonobstant que quand elles y ont été une fois elles veulent toujours y retourner.

CLAPOTE. Nous irons, hein ?...

PITOU. Certainement, et tant qu'il vous plaira. (*Entre un garçon de bain par la porte de la cuisine !... il emplit la baignoire.*)

CLAPOTE. Est-ce bientôt fini, Jean?...

JEAN. Encore deux siaux et le bain sera prêt.

CLAPOTE. Faites-le bien chaud, surtout!...

JEAN. Soyez tranquille, on peut y faire cuire un œuf... (*Il sort.*)

PITOU. Sans vous commander, mademoiselle Clapote, qui est-ce qui va donc avoir celui de se fourrer là-dedans.

CLAPOTE. C'est le bourgeois, monsieur Montauvert.

PITOU. Mais puisqu'il est à la noce !

CLAPOTE. Oui !... Mais il va revenir pour prendre son bain quotidien comme il l'appelle... Il se passerait plutôt de manger que d'y manquer; il en prend un tous les jours avant son dîner...

PITOU. Excusez!,.. En voilà un de particulier... qu'il aime la limonade!... Chacun son goût !... moi je préfère le vin !... Après vous!... délirante Clapote !... (*Il l'embrasse.*)

JEAN. (*Les bras croisés.*) Eh bien!... ne vous gênez pas!... (*Clapote pousse un cri.*)

PITOU. Mille boutons de guêtres!...

JEAN. Le bain est prêt.

PITOU. J'ai cru que c'était le Montauvert.

CLAPOTE. C'est bien !... Jean, allez-vous-en !...

JEAN. Et le pourboire?...

CLAPOTE. Je n'ai pas de monnaie !...

PITOU. Ça ne fait de rien... je vais lui en donner pour boire (*il verse un verre de vin.*) Tenez, voilà pour boire !...

JEAN. Merci !... A la vôtre !... (*Ils trinquent.*) Salut, la compagnie! (*Il sort.*)

CLAPOTE. Voyons !... avec tout ça le temps se passe et je ne suis pas prête ! débarrassons la table !...

PITOU. Le festin est consumé!... (*Il met la bouteille sur le comptoir.*)

CLAPOTE. Na! dépêchons-nous, monsieur Montauvert ne va pas tarder à arriver !... Mais j'y pense, avez-vous prévenu votre ami Grellou que nous allions ensemble au bal masqué ?

PITOU. Il m'attend au quartier où que nous irons le prendre pour aller de là chez sa particulière qu'elle est en train de se déguiser.

CLAPOTE. Bien !... allez les chercher, pendant ce temps-là, je vais m'habiller.

PITOU. Sans vous commander, vous n'auriez pas besoin d'une femme de chambre?...

CLAPOTE. Taisez-vous, gros séducteur !...

PITOU. Que voulez-vous, c'est plus fort que moi ! je suis l'inflammable que c'est comme une allumette *chimérique !...* Quand je vois vos yeux... votre taille... votre peau de satin... Il me prend des frémissements depuis la plante des cheveux jusqu'à... Alors... je vas chercher Grellou. (*Il sort vivement.*)

## SCÈNE II

CLAPOTE, *seule*.

Quel amour d'homme!... Ah! c'est égal, pour rendre une femme heureuse, il n'y a encore que les militaires!... voyons!... tout est bien en ordre.. la robe de chambre... le peignoir... les pantoufles... la théière... l'eau est sur le feu... rien ne manque... Maintenant, vite à ma toilette... (*Elle sort par la porte à gauche, deuxième plan.*)

## SCÈNE III

(*A peine Clapote est-elle sortie, que Détraqué tombe par la cheminée, et roule jusqu'au milieu du théâtre, où il reste assis. Il est tout noir.*)

DÉTRAQUÉ, *seul*.

Ouf!... je leur ai enfin échappé!... quelle course!... quelle dégringolade!... j'ai couru de maisons en maisons, de toits en toits, au risque de me casser bras et jambes... avec des bottes qui me sont trop étroites... ayant toujours derrière moi cet éternel cauchemar de barbouilleur qui a failli deux fois m'attraper!.. Enfin, au moment où il allait mettre la main sur moi, je me suis laissé glisser dans la première cheminée venue, et je suis venu tomber ici!.. Cristi!.. que ces bottes me font mal!.. Mais, où suis-je?... quelle est cette maison?... quelle est cette chambre!.. à qui appartient cette cheminée?... (*En se tournant, il aperçoit le lion et se lève effrayé.*) Qu'est-ce que c'est que ça?... Un lion!.. Un pélican!.. Un singe!.. serais-je tombé dans une succursale du jardin d'acclimatation?. (*Il s'est emparé d'une chaise.*) Ils ne bougent pas!.. ils sont empaillés; je respire!.. (*Il s'assied sur la chaise.*) Ah! j'ai le cœur brisé!.. une course pareille!.. avec un pantalon qui ne tient pas!.. et des bottes qui tiennent trop!.. je n'entends plus rien. Ils ont perdu ma trace.... Personne ici, le plus profond silence... j'ai peut-être eu la chance de tomber chez des gens qui sont à la campagne!.. (*En se tournant, il se voit dans la glace.*) Hein?.. encore un singe!.. (*Il s'approche.*) Mais non, c'est moi!... Eh bien! je suis gentil, la cheminée a déteint sur ma figure!.. Comment faire?.. Je ne peux pourtant pas rester en nègre! Voyons!.. où accroche-t-on la fontaine dans cette ménagerie?... (*Il va à la porte du fond.*) Bon! la porte est fermée... (*Il aperçoit le singe dans le-*

quel il se cogne).... Pardon, Monsieur!.. (*Il voit le bain*), que vois-je?.. Un bain chaud!.. O hasard, voilà de tes coups!.. je suis moulu, ça va me remettre... la providence me devait bien ça! (*Il se déshabille.*) Mes limiers ne viendront pas me chercher là-dedans... Allons, bon!.. impossible d'ôter mes bottes!.. ah! ma foi, tant pis!.. je les garde!... Pardon!.. (*Il ferme le paravent.*) Nà, délectons nous un peu!.. Bigre!.. il est bouillant!...

## SCÈNE IV

DÉTRAQUÉ, *derrière le paravent*, HERMINIE, MONTAUVERT, MADAME MONTAUVERT.

MADAME MONTAUVERT. Enfin, nous voilà chez nous; ça n'est pas malheureux!...

HERMINIE. Je suis glacée!...

MADAME MONTAUVERT. Pauvre enfant!... elle a son petit nez tout rouge!... Heureusement, j'ai fait préparer du feu dans la chambre!...

MONTAUVERT. Où peut être passé cet animal de Détraqué?

DÉTRAQUÉ, *en haut du paravent*. Je crois que j'ai entendu prononcer mon nom.

MADAME MONTAUVERT. Votre gendre, je vous conseille d'en parler! Un cerveau fêlé, qui nous quitte sans rien dire et nous fait attendre deux heures à la mairie!... Ah! c'est une jolie noce que vous nous faites faire là!... C'était bien la peine de mettre ma robe gorge de sauterelle?...

DÉTRAQUÉ, *passant sa tête au-dessus du paravent*. Mais, Dieu me pardonne!... c'est ma belle-maman!...

MONTAUVERT. Est-ce que je pouvais prévoir que cet imbécile allait nous planter là?... Encore un mariage manqué!... C'est à recommencer!...

DÉTRAQUÉ. Bien!... c'est peut-être le moment de me montrer!...

HERMINIE. D'abord, moi, je ne veux pas épouser votre monsieur Détraqué!...

MONTAUVERT. Et pourquoi, mademoiselle?

HERMINIE. Il est trop mal élevé, trop laid, et surtout trop bête!...

DÉTRAQUÉ. Non! ça n'est pas le moment!... (*Il disparait.*)

MADAME MONTAUVERT. Tu t'y feras! tu verras!... Quand j'ai épousé ton père, j'en disais autant!...

MONTAUVERT. Eh!... mais, dites donc, madame Montauvert?...

MADAME MONTAUVERT. Quoi? croyez-vous que je vais mettre des gants de peau de chien pour vous parler, après vingt-cinq ans de mariage?...

MONTAUVERT. Ça n'est pas une raison pour tenir un pareil langage devant ma fille!...

MADAME MONTAUVERT. Votre fille?... laissez-moi donc!... Vous ne savez pas ce que vous dites!...

MONTAUVERT. Hein!...

MADAME MONTAUVERT. Viens, Herminie... laissons

Monsieur au milieu de ses animaux, il n'est bon que là!...
MONTAUVERT. Madame Montauvert!...
MADAME MONTAUVERT. Allez!... vous n'êtes bon qu'à empailler des singes!... (*Elles entrent à droite au fond.*)

## SCÈNE V

MONTAUVERT, *puis* BASTIEN.

MONTAUVERT. Elle a bien fait de rentrer dans sa chambre, car je commençais à sentir la moutarde me grimper!... Tiens!... à propos de moutarde, mon bain doit être prêt... je vais le prendre... ça me calmera!...
BASTIEN, *entrant avec une malle.* Bonjour, monsieur Montauvert, me v'là avec ma malle...
MONTAUVERT. Ah! c'est vous, Bastien! vous arrivez à propos!... vous allez commencer votre service immédiatement!...
BASTIEN. Mon service!... mais... bourgeois, c'est aujourd'hui fête!...
MONTAUVERT. C'est vrai!... mais, j'ai besoin de vous; vous prendrez votre soirée!...
BASTIEN. A la bonne heure!... parce qu'en carnaval, j'ai l'habitude de me faire des bosses...
MONTAUVERT. Des bosses!... Oh!... il est mal embouché!..
BASTIEN. On est jeune, n'est-ce pas?.. c'est pour s'amuser : vous, ça n'est plus votre affaire!..
MONTAUVERT. Comment, ça n'est plus mon affaire?...
BASTIEN. Dame!.. c'est pas parce que vous allez être mon bourgeois, mais il y a déjà pas mal de temps que vous êtes entré dans le régiment des déplumés! (*Il rit.*)
MONTAUVERT. Des déplumés!.. Monsieur Bastien, je vous prierai à l'avenir de ne plus faire de réflexions malséantes sur mes qualités physiques!...
BASTIEN. Ah! mais je dis ça, c'est l'histoire de rire!...
MONTAUVERT. Je ne suis pas en train de rire... surtout avec vous!..
BASTIEN. C'est bon!.. on ne rira plus!... (*A part.*) Il n'entend pas la plaisanterie, ce vieux-là!...
MONTAUVERT. Tenez!... voilà votre chambre... (*Il lui montre la porte à droite du premier plan.*) Portez-y votre malle, je vais prendre mon bain; vous viendrez chercher mes effets pour les battre, puis vous rangerez ces peaux dans ce cabinet. (*Il montre la porte à gauche du premier plan.*)
BASTIEN. Oui!.. bourgeois! (*A part, en entrant dans la chambre.*) C'est un n'hérisson!.. Oh! ça va finir cette vie-là!...

## SCÈNE VI

MONTAUVERT, DÉTRAQUÉ, *dans la baignoire*, *puis* COBALT.

MONTAUVERT. Ce garçon-là ne restera pas longtemps ici!... il est trop familier!.. Déplumé!.. hein!...... Galopin!.. (*On frappe.*) Entrez!.. qui vient donc me déranger!..
COBALT, *entrant.* Monsieur Montauvert, je vous présente mes respects!
MONTAUVERT. Monsieur, je les accepte;... mais je n'ai pas l'honneur!..
COBALT. De me remettre!.. Cobalt... l'ami et le premier témoin de votre gendre!...
MONTAUVERT. Mon gendre Détraqué?...
COBALT. Non!.. Didier!...
MONTAUVERT. Monsieur!... Monsieur Didier n'est plus rien pour moi; un homme qui dérange les Virginies de Marseille!...
COBALT. C'est faux!... et je vous le prouverai!.. (*A part.*) En avant la couleur. (*Haut.*) Ah!.. Monsieur Montauvert!... si vous pouviez le voir en ce moment, le pauvre garçon!.. il vous ferait pitié!..
MONTAUVERT. Qu'est-ce qu'il a?
COBALT. Quand je l'ai quitté, on était en train de lui poser quatre ventouses et soixante-deux sangsues...
MONTAUVERT. Soixante-deux sangsues!..
COBALT. Sans compter les...
MONTAUVERT, *l'arrêtant.* C'est bon!.. je vous comprends!..
COBALT. Enfin, il est dans un état déplorable... Cependant, nous espérons le perdre!... le sauver!...
MONTAUVERT. Mais qu'est-ce qu'il a?..
COBALT. Il a... qu'il est empoisonné!...
MONTAUVERT. Empoisonné!... et par qui?..
COBALT. Par l'herboriste!...
MONTAUVERT. Détraqué!... ça n'est pas possible!..
COBALT, *tirant la déclaration de sa poche.* Voici la preuve de son crime!...
MONTAUVERT, *lisant.* « Les bouteilles ont été « préparées par moi; qu'on n'accuse personne, « je suis le seul coupable. » Signé : DÉTRAQUÉ!... Ah! le scélérat!.. j'en tombe de mon haut!... (*Cobalt, le fait asseoir.*)
COBALT, *à part.* Ça prend. (*Haut.*) Douterez-vous encore?..
MONTAUVERT. Ah! le brigand!.. mais comment a-t-il fait?..
COBALT. Il lui a fait boire la moitié d'une bouteille de bordeaux, empoisonnée par lui!..
MONTAUVERT. Le pauvre garçon!.. mais avez-vous envoyé chercher un médecin?..
COBALT. Soyez tranquille!.. les amis sont avec lui!.. Seulement, il n'y a qu'une seule chose qui puisse le sauver aujourd'hui.
MONTAUVERT. Laquelle?...
COBALT. C'est la main de votre fille!...
MONTAUVERT. La main d'Herminie!... Oh!... je la lui donnerai!... mais pas avant que ce

gueux de Détraqué ne soit sous celle de la justice !... Où est-il ?...

COBALT. Il s'est sauvé par la fenêtre !... nous l'avons poursuivi ; et il nous a glissé entre les mains !

MONTAUVERT. Ah !... le serpent !

COBALT. Mais, il ne peut pas être loin ; nous allons recommencer nos recherches et je vous promets de le retrouver, foi de Cobalt !...

MONTAUVERT. Allez !... je vais prendre mon bain !... car toutes ces émotions me tuent... et quand j'aurai fini,... j'irai voir Didier !

COBALT, *à part.* Ah !...Monsieur Montauvert !... c'est bien, ça !... laissez-moi vous embrasser !...

MONTAUVERT. Volontiers, jeune homme ! (*A part.*) Il est expansif !...

COBALT, *l'embrassant ; à part* : Le fourreur est fourré dedans. (*Haut.*) Je cours rassurer Didier, et lui annoncer votre visite.

ENSEMBLE.

AIR : *des Puritains.*

MONTAUVERT.

Chez Didier, allez bien vite,
Il a déjà trop souffert,
Annoncez-lui la visite
De son ami Montauvert.

COBALT.

A Didier, je vais bien vite,
Mon cher monsieur Montauvert,
Annoncer votre visite.
Pour lui le ciel s'est ouvert...

(*Cobalt sort.*)

## SCÈNE VII

Les Mêmes, *moins* COBALT.

MONTAUVERT. Ah ! je suis tout attendri !... Allons vite me déshabiller et raconter ça à ma femme... (*Il entre à droite, au fond.*)

## SCÈNE VIII

DÉTRAQUÉ, *seul.*

(*Il sort de derrière le paravent, il est en peignoir, avec un serre-tête ; la figure rouge... Il tombe assis sur une chaise.*)

Patatras !... j'en ai entendu de belles !... j'ai cru que j'allais trépasser !... je me suis évanoui dans le bain, et il était bouillant... je dois avoir l'air d'une écrevisse bordelaise ! Quelle fichue position ! les rapins à mes trousses !... Montauvert instruit de tout... Herminie perdue pour moi, mon rival empoisonné !... deux victimes... quarante années de travaux forcés !... (*Se levant.*) Et je ne peux pas ôter mes bottes !... Oh !... il faut absolument que je sorte de cette maison, je plane sur un volcan !... mais par où, comment ? (*Il va à la porte du fond.*) Cette porte est fermée !... (*Il va à la porte de la cuisine, l'ouvre et regarde.*) Par là !... la cuisine !... elle donne dans la cour !... c'est une issue : Hein ?... quelqu'un !... (*Il se cache.*)

## SCÈNE IX

DÉTRAQUÉ, *caché,* BASTIEN.

BASTIEN, *sortant de droite.* Elle n'est pas chouette, ma chambre à coucher !... Elle est remplie de peaux !... si encore c'étaient des pots de confitures !... mais à propos de peaux,... le bourgeois m'a dit de serrer celles-là. (*Il va pour prendre les peaux sur le comptoir, et aperçoit la bouteille de bordeaux, laissée par Pitou.*) Tiens !... une fiole de bordeaux, il y en a encore !... j'vas l'étourdir. (*Il va pour boire et s'arrête.*) Ah ! non !..., depuis l'aventure de ce matin, j'en ai assez !... le pharmacien m'a fait prendre un tas de drogues !... ça m'a calmé !... Mais, il me semble !... que ça me gargouille toujours !... (*Posant la bouteille.*) Toi, ma biche, tu peux t'fouiller !...

DÉTRAQUÉ, *passant sa tête à côté du paravent.* Il me semble avoir entendu cette voix-là quelque part.

BASTIEN, *transportant les peaux.* Ah ! brigand d'herboriste !... si jamais tu me tombes sous la patte, ton compte est bon !...

DÉTRAQUÉ, Bien !... ça se corse !...

BASTIEN. En attendant, si ce soir ça va mieux, j'irai à mon rendez-vous ; justement, j'ai trouvé dans ma chambre un costume !... quelque chose de soigné !... celui qui me reconnaîtra avec ça, faudra qu'il ait un rude binocle !...

DÉTRAQUÉ. Ah çà ! est-ce qu'il va rester là ?...

BASTIEN, *regardant les peaux qu'il tient.* Qu'est-ce que c'est que ça !... des ours blancs ?... en v'là de la drôle de marchandise !... (*Il les met dans le cabinet.*) Enfin !... maintenant prenons les habits du vieux !... (*Il se dirige vers le paravent, Détraqué se retire.*)

DÉTRAQUÉ. Hein !...

BASTIEN *ouvre le paravent : on voit Détraqué dans la baignoire.* Ah ! ah !... bourgeois ! vous êtes dans le bouillon ! c'est ça qu'est bon !... Hein !...

DÉTRAQUÉ, *contrefaisant sa voix.* Oui !... c'est souverain !...

BASTIEN. Voulez-vous que je vous frictionne ?...

DÉTRAQUÉ. Non !... c'est inutile !... laisse-moi !...

BASTIEN, *prenant les habits de Détraqué.* Alors je vais battre vos habits !

DÉTRAQUÉ. Mais!... j'en ai besoin... laisse-les là!...
BASTIEN. Pourquoi donc ça?... vous m'avez dit de les battre, je vais les battre... Ah!... je ne fais jamais mon service à moitié.
DÉTRAQUÉ. Non!... laisse-les!...
BASTIEN. Mais non!... vous êtes bien là!... je vas vous les rapporter dans un quart d'heure!... (Il sort au fond après avoir fermé le paravent.)

## SCÈNE X

DÉTRAQUÉ, seul. (Il sort de derrière le paravent. Il est très-pâle.)

Brou!... Brou!... Ah! mais je commence à en avoir assez de me baigner!... cet animal-là qui me force à me refourrer dans le bain... Avec ça, que l'eau est gelée... maintenant je grelotte... Et il a emporté mes effets... me voilà gentil... Ah! mon Dieu!... que ces bottes me gênent!... mais qu'est-ce que je vais devenir?... si on me surprend, on m'empoigne;... si on m'empoigne, on m'envoie à Cayenne.. je ne peux pourtant pas aller à Cayenne en costume de bain?... J'arriverais là-bas avec une cargaison d'engelures... Du bruit! encore que qu'on! où me fourrer?... Ah!... (Il se cache sous le comptoir.)

## SCÈNE XI

DÉTRAQUÉ (caché), CLAPOTE (en folie).

CLAPOTE. Me voilà prête!... Eh bien!... Pitou n'est pas revenu!... comme c'est agréable!... je vais être obligée de m'en aller seule... les gamins vont courir après moi!... Mettons mon châle!... ça cachera toujours un peu mon costume!... (Se mirant.) C'est égal, il me va très-bien, et si M. Pitou n'est pas content, c'est qu'il sera bien difficile!...
DÉTRAQUÉ, sous le comptoir. Le fait est que voilà une petite folie pour laquelle on en ferait bien une...
CLAPOTE. Voilà qui est fait... partons... Tout est en ordre ici... Ah! cachons cette bouteille, monsieur Montauvert peut venir quand il voudra... son bain doit être tiède, maintenant!... (Elle y met la main.) Mais, il est tout froid,... c'est une vrai glacière!... Ah! ma foi, tant pis!... il le prendra comme ça...
DÉTRAQUÉ. Ayez donc des domestiques!...
CLAPOTE. Qu'est-ce que j'ai donc fait de la clef de ma chambre?... Ah! la voilà... je n'ai pas besoin de l'emporter!... (Elle l'accroche à côté de la porte.) Maintenant, filons vite rejoindre Pitou... (Elle sort par l'escalier de service.)

## SCÈNE XII

DÉTRAQUÉ, puis MONTAUVERT.

DÉTRAQUÉ, sortant du comptoir. Eh bien! je l'ai échappé belle!... un peu plus, elle me surprenait dans la baignoire... ça aurait été du propre!... Brou! mais je suis de plus en plus glacé!... je dois marquer au moins 32 degrés au-dessous de zéro!... si ça continue, je vais charrier... j'ai la tête en feu, et les pieds gelés!... Atchoum!... Allons bon!... je m'enrhume!... et ces maudites bottes qui sont toutes mouillées!... Il faut pourtant que je trouve un moyen de me vêtir de n'importe quoi!... Du bruit!... encore du monde... je ne peux pourtant pas me remettre dans le bain!... sortir c'est impossible!... Ah! quelle idée!... Clapote a laissé la clef de sa chambre... je vais m'y fourrer... je trouverai peut-être le moyen de filer... (Il prend la clef, et entre à gauche, 2ᵉ plan.)
MONTAUVERT, en robe de chambre. Ma femme pleure!.. ma fille sanglote!... c'est navrant... je sentais que ça me gagnait... j'allais pleurnicher aussi... ma foi, je les ai quittées... Pauvre Didier!... Mais, que peut devenir ce scélérat de Détraqué?... Empoisonneur!... qui aurait jamais cru ça de lui!... un garçon aussi simple, que ses produits!... Fiez-vous donc aux herboristes!... Allons, prenons toujours mon bain!... j'irai consoler Didier après. (Il passe derrière le paravent; on frappe.) Qui est-ce qui peut venir me déranger?... Ma foi, tant pis, je n'ouvre pas... (On refrappe.) Encore!... je n'y suis pas!... (On entend la voix de Rabasson.)
RABASSON, en dehors. Monsu Manteau-vert!... Monsu Manteau-vert!...
MONTAUVERT. Mais, je connais cette voix-là!... c'est le Marseillais! que peut-il me vouloir?... (Rabasson; Monsu Manteau-vert.) Voilà!... voilà!... (Il ouvre.)

## SCÈNE XIII

MONTAUVERT, RABASSON, en tenue de bal.

RABASSON. Adieu!... Monsu Manteau-vert!... Comment que vous allez?... vous allez bien?...
MONTAUVERT. Pas mal... merci... mais je...
RABASSON. Je vous dérange pas!...
MONTAUVERT. Pas précisément!... j'allais prendre mon bain!...
RABASSON. Prendre bain!... et la noce que je viens de s'habiller exprès pour elle!...
MONTAUVERT. La noce!... Ah! mon cher monsieur... chose... ne m'en parlez pas!... elle est flambée pour le moment!
RABASSON. Flambée?... à cause?...
MONTAUVERT. Je n'ai plus de gendre!...
RABASSON. Plus de gendre!...

MONTAUVERT. C'est-à-dire, j'en ai deux ; mais il y en a un qui a disparu, et l'autre qui est empoisonné !...

RABASSON. Empoisonné !... qu'est-ce que vous me dites là !...

MONTAUVERT. L'exacte vérité; vous me voyez dans la désolation !... Mais vous permettez que je prenne mon bain !...

RABASSON. Faites donc !... ne se gênez pas avec moi : nous se causerons de loigne !...

MONTAUVERT. De loigne !... (*Il passe derrière le paravent.*)

RABASSON. Et comment que c'est arrivé, donc ?...

MONTAUVERT. C'est arrivé par deux bouteilles de bordeaux.

RABASSON. Deux bouteilles de bordeaux ?...

MONTAUVERT. Empoisonnées par ce saltimbanque de Détraqué !

RABASSON. Détraqué ! l'herboriste ?...

MONTAUVERT. Oui !... il les a apportées chez Didier et lui en a fait boire une demi-bouteille !...

RABASSON. Du bordeaux... chez monsu Didierre... mais c'est celui que... Ah ! trounn de l'air de bagasse !... (*Il tombe sur le canapé.*) Au secours !... un médecingne !

MONTAUVERT, *sortant de derrière le paravent; il est en caleçon*. Eh bien !... qu'est-ce qu'il lui prend ?...

RABASSON. Un médecingne !...

MONTAUVERT. Un médecingne !... pourquoi ?... qu'avez-vous donc ?...

RABASSON. Le bordeaux... j'en ai bu une demi-bouteille !...

MONTAUVERT. Ah !... mon Dieu !... ma femme !... Clapote !... Bastien !... Ah !... quel événement !...

## SCÈNE XIV

Les Mêmes, MADAME MONTAUVERT, HERMINIE.

MADAME MONTAUVERT. Qu'est-ce qu'il y a donc ?... Vous criez comme si le feu était à la maison !...

MONTAUVERT. Vite !... un médecin !... monsieur... chose, de Marseille, est empoisonné !...

MADAME MONTAUVERT et HERMINIE. Empoisonné ?...

MONTAUVERT. Par le vin de ce chenapan de Détraqué !...

HERMINIE. Comme monsieur Didier !...

MADAME MONTAUVERT. Mais c'est donc un Brinvilliers que cet herboriste ?...

MONTAUVERT. Ah !... le gueux !... Va vite chercher un médecin !

MADAME MONTAUVERT. Il y en a un dans la maison, je cours le chercher... Rentre, ma fille !... (*Elle sort par le fond, Herminie rentre à droite.*)

## SCÈNE XV

RABASSON, *sur le canapé*, MONTAUVERT.

RABASSON. Bagasse !... ça me brûle !... que je boirais bien quelque chose !...

MONTAUVERT. Attendez !... je vais vous faire donner du thé : on a dû en préparer pour moi. (*Appelant à la porte de la cuisine.*) Clapote !...

DÉTRAQUÉ, *en dehors*. Monsieur !...

MONTAUVERT. Apportez vite le thé qui est sur le feu !...

DÉTRAQUÉ. Tout de suite, monsieur !

RABASSON. Ah ! canaille d'herboriste !... si jamais je se trouve en face de toi !... tu ne risques rien !...

MONTAUVERT. Calmez-vous ! prenez patience !... le médecin va venir ; ça ne sera peut-être rien !...

RABASSON. Ah ! monsu Manteau-vert !... Il me semble que je sens déjà le froid *de la poison*!...

MONTAUVERT. Le froid du poison !... où ça !...

RABASSON. Dedans les pieds !... ils sont froids, comme du marbre.

MONTAUVERT, *lui donnant une chancelière*. Tenez fourrez-les là-dedans, ça les réchauffera...

RABASSON. Vous êtes bien bon... mes mains aussi, ils sont prises !...

MONTAUVERT, *lui donnant des gants fourrés*. Mettez ça !... avez-vous encore froid ?...

RABASSON. Toujours... c'est la tête, maintenant...

MONTAUVERT. Ah ! mais, ça ne fait donc qu'aller et venir ?... Tenez..., voilà pour votre tête... (*Il lui met un bonnet de fourrure.*) Tout mon magasin y passera... avez-vous chaud à présent ?...

RABASSON. Non, je suis toujours gelé.

MONTAUVERT, *impatienté*. Ah ! mais il est ennuyeux, à la fin ! c'est une succursale de la Sibérie que ce Marseillais-là ! Mais, j'y pense, mon bain aussi doit être gelé ; comment faire ? Je ne peux pourtant pas le mettre dans une chancelière... Je vais me fourrer dedans, ça le réchauffera !...

RABASSON. A boire !...

MONTAUVERT. Tout de suite !... Mais il me prend pour une garde-malade !... Clapote !... Voyons donc !... ce thé !... (*Il passe derrière le paravent.*)

## SCÈNE XVI

Les Mêmes, DÉTRAQUÉ, *sous les vêtements de Clapote; il tient une tasse de thé*.

DÉTRAQUÉ. Impossible de sortir... Clapote a fermé la porte de la cuisine... Je me suis introduit dans ses vêtements que j'ai trouvés dans sa

chambre!... Ça m'a ranimé!... pourvu que le Montauvert ne me reconnaisse pas!...
MONTAUVERT. C'est vous, Clapote?...
DÉTRAQUÉ, *déguisant sa voix.* Oui, monsieur, j'apporte votre thé!...
MONTAUVERT. Je n'en ai pas besoin!...
DÉTRAQUÉ. Ah! (*A part.*) Alors, je vais le boire!... (*Il boit.*)
MONTAUVERT. Donnez-le à un malade... qui est là sur le canapé!...
DÉTRAQUÉ, *à part.* Il y a donc quelqu'un là-dessous?...
MONTAUVERT. Ça lui fera du bien... il est empoisonné!...
DÉTRAQUÉ. Hein!
MONTAUVERT. Il a bu du vin de ce gueusard de Détraqué!
DÉTRAQUÉ. Encore un!... Trois victimes!... Soixante ans de travaux forcés!... je ne pourrai jamais les faire!...je serai décédé avant!... ma progéniture sera obligée de continuer mon commerce!...
RABASSON. A boire!...
DÉTRAQUÉ. Voilà!... voilà!... tenez!... (*Il présente la tasse à Rabasson.*)
RABASSON. Merci, la pitchounette!...
DÉTRAQUÉ. Le Marseillais! (*Il laisse tomber la tasse.*)
RABASSON. Troun de l'air, cette figure!
DÉTRAQUÉ, *à part.* Il va me reconnaître!...
RABASSON. Je ne me trompe pas!... c'est mon gredin d'*herborisse*!...
DÉTRAQUÉ. Pincé!...
RABASSON. Ah! mille bouillabaisses! tu ne m'échapperas pas!... (*Il se lève, et s'embarrasse dans la chancelière; il court après Détraqué, qui se sauve derrière le comptoir. Rabasson le poursuit. Détraqué va pour sortir par la cuisine au moment où monsieur Montauvert sort de derrière le paravent du côté de la porte.*)
MONTAUVERT. Qu'y a-t-il?
RABASSON. L'herborisse!... (*Détraqué, au moment d'être pris par Rabasson, s'enveloppe dans le paravent. Montauvert et Rabasson tournent autour. Enfin au moment où Rabasson se trouve devant le paravent, Détraqué le lui fait tomber sur la tête. Rabasson tombe à côté du comptoir en criant.*)
MONTAUVERT. Ah! brigand d'empoisonneur!... tu vas me le payer!... (*Il s'empare de Détraqué, ils luttent; enfin Détraqué jette Montauvert dans la baignoire, et se sauve par la cuisine. Rabasson, qui s'est relevé, le poursuit.*)
RABASSON. Bagasse! je te rattraperai, va!... (*Il entre dans la cuisine.*)
MONTAUVERT, *sortant de la baignoire.* Au secours!... à l'assassin!... je suis trempé!... (*Il entre dans la chambre, à droite, deuxième plan.*)
DÉTRAQUÉ, *sortant de la cuisine, qu'il ferme.* Sauvé!... J'ai enfermé le Marseillais dans la chambre de Clapote, dans laquelle il était entré, croyant m'y trouver... Montauvert est allé se changer!... filons!... (*Il va pour sortir par le fond.*) Miséricorde!... la garde!... je suis reperdu!... Que faire?... Où me cacher?... Ah!... ce placard!... (*Il entre dans le placard, à droite.*)

## SCÈNE XVII

BASTIEN, PITOU.

BASTIEN. Mais, puisque je vous assure, militaire, qu'il n'y a pas de bonne ici... je n'en ai pas vu!...
PITOU. Ça m'est inférieur! Clapote m'a dit de venir la chercher... Elle m'attend...
BASTIEN. Où ça!...
PITOU. Dans sa chambre... elle s'habille... tenez... je l'entends... je vais l'appeler... (*Il entre à gauche.*)
BASTIEN. Faites alors... Moi, c'est mon heure, je vais aussi filer à mon rendez-vous. (*Apercevant le paravent renversé.*) Ah!... en voilà un désordre!... Qu'est-ce qu'on a donc fait ici?... Ah! ma foi, je rangerai tout ça demain! je vas me déguiser!... (*Il entre dans sa chambre.*)

## SCÈNE XVIII

RABASSON, PITOU, *puis* MONTAUVERT.

PITOU. Mille boutons de guêtres! Qu'est-ce que vous faisiez dans la chambre de Clapote?
RABASSON. Troun de l'air!... qu'on m'y a enfermé...un gredin qu'il est ici... et qu'il faut que je le trouve!...
MONTAUVERT, *sortant de sa chambre, à moitié habillé en garde national, avec son fusil.* Où est-il?... Ah!... la force armée!... je vous requiers!... Vous allez nous aider à arrêter ce pendard de Détraqué!...
PITOU. Quel pendard?
RABASSON. L'herborisse!...
MONTAUVERT. Un empoisonneur qui s'est faufilé dans les habits de ma cuisinière!...
PITOU. Dans les vêtements de Clapote! Mille boutons de guêtres, où's qu'il est?
MONTAUVERT. Il est ici!... mais où?... Divisons-nous!... (*A Pitou.*) Vous, dans les escaliers!... Moi, dans le magasin... (*A Rabasson.*) Vous, le Marseillais, dans la cuisine!...
RABASSON. Oui!... seulement, je vais s'armer aussi!... (*Il prend le bâton que tient le singe qui est au fond.*) Ah!... bagasse! si je te pince, mon gaillard!...
MONTAUVERT. Pas de pitié!... en chasse!... (*Ils sortent tous les trois. Montauvert par la porte de droite, 3e plan. Rabasson par la cuisine et Pitou par le fond.*)

## SCÈNE XIX

DÉTRAQUÉ, en singe, BASTIEN, en ours blanc.

BASTIEN, sortant de sa chambre, en ours; il ôte sa tête.) Si quelqu'un me reconnaît avec ça, ça m'étonnera joliment!... Filons!... (Il va pour sortir, et aperçoit Détraqué, en singe, qui sort du placard.) Qu'est-ce que c'est que ça?...

DÉTRAQUÉ. Je n'entends plus rien!... décampons!...(Il va pour sortir et voit Bastien.)Hein!... (Ils ont peur tous les deux. Bastien se sauve derrière le comptoir, qu'ils prennent chacun par un bout et qu'ils amènent sur le devant de la scène. Détraqué veut attraper Bastien qui se baisse. Détraqué renverse le comptoir sur Bastien et l'enferme dessous.) Encore un de coffré!...(On entend crier dans la coulisse, Détraqué se cache derrière le paravent.)

## SCÈNE XX

DÉTRAQUÉ, caché, MONTAUVERT, RABASSON, PITOU, MADAME MONTAUVERT. (Ils entrent de différents côtés.)

MONTAUVERT. Où est-il?...

RABASSON, apercevant le comptoir et entendant crier Bastien à la garde. Nous le tenons!... Il est là-dessous!... Ah! brigand!... (Il relève le comptoir, tout le monde se précipite sur Bastien qui pousse des hurlements; en le voyant paraître, ils reculent tous effrayés.) Troun de l'air!... qu'est-ce que c'est que ça?

BASTIEN, ôtant sa tête. Arrêtez-le!...

TOUS. Bastien!...

BASTIEN. Arrêtez le singe!... (En ce moment, une grêle de cartons à manchons tombe par-dessus le paravent. Tout le monde crie. Détraqué sort de derrière le paravent et coiffe Pitou d'un carton vert en se sauvant par le fond. Montauvert, qui s'est fait un rempart du comptoir, tire un coup de fusil sur Détraqué et atteint Bastien dans les reins. Celui-ci pousse des hurlements. Tout le monde se précipite en criant, vers la porte du fond qui se referme au moment où Détraqué sort.)

FIN DU TROISIÈME ACTE.

## ACTE QUATRIÈME

### LES MYSTÈRES D'UDOLPHE

Un restaurant.—A droite, premier plan, un poêle... tables, chaises, etc.—Portes d'entrée au fond, portes latérales à droite et à gauche donnant sur les cabinets.

### SCÈNE PREMIÈRE

Les Garçons, BASTIEN, *en garçon de restaurant*, puis VOLAUVENT.

#### CHOEUR.

Air nouveau de M. Marius Boullard.

Allons, garçons !
Servons
Et desservons,
La pratique appelle,
Il faut du zèle :
Dans les salons,
Couronḃ et dépêchons,
Plus tard, nous serons
Aussi patrons.

VOLAUVENT, *entrant*. Allons !... voyons, chaud, chaud... de l'activité... le service ne va pas... cette table n'est pas à sa place... ces chaises non plus... le poêle n'est pas allumé... ces serviettes sont mal arrangées... ça ne va pas... du zèle... de l'activité... que diable !...
BASTIEN. Oh ! ça va finir, cette vie-là !...
VOLAUVENT, *à un garçon*. Qu'est-ce que tu fais là, toi, Gustave ?
BENOIT. Moi, rien, patron !
VOLAUVENT. Et toi, Henri ?
BASTIEN, *les bras croisés*. Moi... j'étais en train d'aider... Gustave.
VOLAUVENT. En te croisant les bras !... Ah ! je ne veux pas de paresse !... Chez moi, il faut que tout marche comme sur des roulettes... J'attends aujourd'hui une nombreuse société... Nous avons un bal masqué dans mon salon de cent couverts...
BASTIEN. Cent couverts !... Mais il n'y en a que trente-trois...
VOLAUVENT. Ça ne fait rien... les convives se serreront un peu... d'ailleurs j'ai sur mon enseigne : « Salon de cent couverts, » je ne sors pas de là... Sommes-nous au complet ?.. Voyons, Bastien, un; Philippe, deux ; Gustave, trois ; Henri, quatre...
BASTIEN. Henri-quatre ?
VOLAUVENT. Tout le monde sur le pont !
BASTIEN. Sur le Pont-Neuf, alors...
VOLAUVENT. Toi, Philippe, à la cave... Gustave à la cuisine... Henri aux cabinets... Bastien tu auras le service du salon...
BASTIEN. A moi seul cent couverts ?

VOLAUVENT. J'attends un garçon de renfort... dès qu'il sera arrivé. il se joindra à toi... Allons... chaud !... chacun à son poste. (*Les garçons descendent par une trappe en reprenant le chœur.*)
BASTIEN. Où vont-ils donc ?
VOLAUVENT. Où je leur ai dit d'aller.
BASTIEN. Par cette trappe ?
VOLAUVENT. Ah !... il y en a bien d'autres ici ! Mon prédécesseur faisait de la contrebande, et il avait fait organiser la maison en conséquence... c'est rempli de souterrains, ici... c'est pour ça que j'ai pris pour enseigne : « Aux mystères d'Udolphe. »
BASTIEN. Il n'y a pas de revenants, au moins !
VOLAUVENT. Des revenants !... Poltron, va !... Allons, je vais voir si mes convives arrivent... Occupe-toi de ton service... allume le poêle...
BASTIEN. Oui, bourgeois.
VOLAUVENT. Et n'aie pas peur des revenants, surtout !
BASTIEN. Non, bourgeois. (*Volauvent sort.*)

### SCÈNE II

BASTIEN, *seul*.

(*A peine Volauvent est-il parti, que la trappe du milieu, sur laquelle se trouve Bastien, se soulève et on entend crier :* Enlevez la tête de veau ! *Bastien fait un saut.*) Hein !... ah !... que c'est bête !... En voilà une maison qui ne me va guère !... je n'y suis entré que depuis ce matin, mais je crois que je n'y ferai pas de vieilles dents ! (*Il allume le poêle.*) Le papa Montauvert m'a flanqué à la porte, sous prétexte que j'avais détérioré sa peau... et c'est lui qui m'avait tiré un coup de fusil dans les... reins. (*Il se baisse.*) Aïe !... bigre ! ça n'est pas encore cicatrisé ! Eh bien, me voilà gentil pour servir cent couverts ! Heureusement qu'il doit venir un garçon de renfort ; je vais tout lui flanquer sur le dos... comme ça, je pourrai me reposer de temps en temps... me reposer !... Je ne sais pas trop comment je m'y prendrai... le pharmacien m'a défendu de m'asseoir avant huit jours... (*On entend crier par une trappe :*) Enlevez le merlan gratin, boum ! (*Bastien fait un saut.*) Encore ! ça va finir, cette vie-là ! (*Il prend le plat et sort à droite.*)

## SCÈNE III

DÉTRAQUÉ, seul.

(Il entre du fond. — Il a un paletot trop grand pour lui ; un chapeau défoncé, et la peau de singe qui remonte au-dessus de ses bottes. — Il s'assied à gauche.)

Ouf !... je n'en puis plus... je suis moulu... brisé... Vingt-quatre heures de marche au milieu d'une population en goguette ! j'ai les jambes sans connaissance... et ces maudites bottes que je ne peux pas ôter ?... elles ont fini par traverser ma peau... de singe... Ah !... je suis dans un joli état !... si le Juif-Errant me voyait, il en serait jaloux !... Ah !... voilà un carnaval dont je me souviendrai, si j'en réchappe, est-ce possible ? Non ! pas la moindre circonstance atténuante !... la préméditation est flagrante !... A l'heure qu'il est, les galères me tendent les bras !... que dis-je, les galères ?... l'échafaud !... Oh ! c'est horrible !... Non ;... ma résolution est arrêtée ; si je suis pris, je me fais sauter la cervelle... on fera de moi ce qu'on voudra après... entre la mort et le déshonneur, un herboriste ne doit pas hésiter... Grâce à ces pistolets... j'aurai purgé la société d'un monstre ! La faculté n'aura rien à me reprocher, je pourrai la regarder en face !... (Il s'assied.) Ah ! malheureux Détraqué ! pourquoi as-tu quitté ton comptoir, ta boutique et tes bocaux au milieu desquels tu étais si heureux ?... Si je n'avais pas connu Montauvert et sa fille, à l'heure qu'il est, je ne serais pas le dernier des scélérats ! Plus de repos ! le sommeil a déserté mes paupières... aussitôt que je ferme les yeux, je vois se dresser devant moi mes trois victimes !... elles m'accablent des reproches les plus sanglants ! elles me poursuivent sans cesse ; elles me crient : (A ce moment la trappe s'ouvre, et on entend crier : Enlevez l' bœuf ! Détraqué se lève égaré). Hein ! la seconde trappe s'ouvre, et on entend crier : Un merlan au gratin, enlevez !) Où suis-je ?... Ah ! que j'ai eu peur !... j'ai cru que c'était la garde !... Oh ! non, je n'empoisonnerai plus jamais trois personnes à la fois... ça fait trop souffrir !... (Il tombe accablé sur une table.— Bastien paraît.)

## SCÈNE IV

DÉTRAQUÉ, BASTIEN, tenant un plat.

BASTIEN. Voilà, voilà... que désire monsieur ?
DÉTRAQUÉ. Que vois-je ? ma victime !...
BASTIEN. L'herboriste !... (Il laisse tomber un plat.) A la garde !...
DÉTRAQUÉ, le menaçant de ses pistolets. Tais-toi, misérable !
BASTIEN. Des pistolets !... au secours !...
DÉTRAQUÉ. Tais-toi, ou je te brûle la cervelle !
BASTIEN. Otez les pistolets...
DÉTRAQUÉ. Malheureux !... que fais-tu ici ?... pourquoi n'es-tu pas mort ?
BASTIEN. C'est pas de ma faute ; c'est le pharmacien qui m'a donné de la contre-poison...
DÉTRAQUÉ. De la contre-poison... mais alors tu es sauvé ?...

BASTIEN. Pardine, puisque je suis vivant !
DÉTRAQUÉ. En es-tu bien sûr ?
BASTIEN. Tiens, c'te bêtise !...
DÉTRAQUÉ. Mais alors, si tu existes... je n'ai plus à faire que quarante ans de travaux forcés !... j'hérite de vingt années !... Oh ! merci ! toi qui me sauves un tiers du déshonneur !... (Il embrasse Bastien.)
BASTIEN. Prenez donc garde... vous allez renverser mes salsifis... Tenez-moi donc ça que je ramasse mon merlan... (Il lui donne les salsifis.) On paie la casse ici, voyez-vous. (Il remet le poisson dans une autre assiette.) Il sera poivré, celui-là...
DÉTRAQUÉ, mangeant les salsifis. Étrange situation que la mienne !... d'un côté le boulet... de l'autre le mariage...
BASTIEN. Le mariage, c'est un autre genre de boulet... Tiens !... vous aimez ça, les salsifis ?
DÉTRAQUÉ. Je ne peux pas les souffrir... je mange pour m'étourdir !... ils ne sont pas assez frits ?...
BASTIEN. Vous croyez ? (Il en mange.) Ah ! oui, il faut que ça croque.
DÉTRAQUÉ. Mais dis-moi... et mes deux autres victimes ?
BASTIEN. Monsieur Didier... et le Marseillais ?... je n'en sais rien.., on m'a mis à la porte... alors... ah ! un voilà un qui est réussi !... (A ce moment, on ouvre la porte du cabinet à gauche, un Monsieur paraît et demande des salsifis.) Voilà, voilà... tiens... il n'y en a plus... Ah ! bien... je vais en redemander. (Il ouvre la trappe.) Un salsifis frit pour un !
DÉTRAQUÉ. Demande-le pour deux.
BASTIEN. Vous avez raison... (Criant par la trappe.) Un salsifis frit pour trois ! Boum !... ce n'est pas plus malin que ça.
DÉTRAQUÉ. Une cuisine !... Ah çà ! je suis donc dans un restaurant ?
BASTIEN. Et un soigné... avec des cuisines dans lesquelles on pourrait jouer à cache-cache... le patron a fait mettre sur l'enseigne : Aux mystères d'Adolphe !
DÉTRAQUÉ. Des souterrains... cette maison est peut-être un refuge... Écoute, Bastien... il faut absolument que tu me caches ici jusqu'à ce que je puisse gagner la frontière...
BASTIEN. La frontière... qu'est-ce que c'est que ça ?
DÉTRAQUÉ. L'étranger... une fois là, je serai à l'abri du glaive de la loi...
BASTIEN. Mais si je vous cache, et qu'on vous découvre, je serai condamné comme recéleur...
DÉTRAQUÉ. Je ne te dénoncerai pas... tu n'auras rien à craindre.
BASTIEN. Je ne vous dis pas... mais c'est grave ce que vous me proposez là...
DÉTRAQUÉ. Je le sais : mais tu ne voudrais pas me laisser arrêter... tu es une bonne nature au fond... (Il veut l'embrasser.)
BASTIEN. Prenez donc garde, vous allez mélanger les sauces. Eh ! bien, oui... eh ! bien, oui... mais je suis honnête, voyez-vous ; j'ai des principes... Qu'est-ce que vous me donnerez si je vous cache ?

DÉTRAQUÉ. Oh! tu peux compter sur ma reconnaissance la plus...
BASTIEN. Votre reconnaissance! votre reconnaissance! c'est bon; mais faudrait pouvoir mettre quelque chose dessus.
DÉTRAQUÉ. Veux-tu ma boutique?
BASTIEN. Votre boutique? Qu'est-ce que vous voulez que j'en fasse?
DÉTRAQUÉ. Tu la géreras pendant que je serai expatrié.
BASTIEN. Hum,... gérer votre boutique... mais je n'entends rien à l'herboristerie!...
DÉTRAQUÉ. Ça ne fait rien... mon portier te mettra au courant...
BASTIEN. Votre portier?
DÉTRAQUÉ. Oui; quand je n'y suis pas, c'est lui qui gère.
BASTIEN. Tiens, il sert des sangsues en tirant le cordon? Une sangsue pour deux : boum!
DÉTRAQUÉ. Je te donnerai une lettre pour qu'il t'installe, et en huit jours, tu en sauras autant que lui; ça ne sera pas difficile : tu es déjà garçon de restaurant : Servir un beefsteack ou servir du jalap, c'est à peu près la même chose,...
BASTIEN. Oui; mais ça n'a pas le même résultat.
DÉTRAQUÉ. Si; des fois; ça dépend des restaurants.
BASTIEN. Ah! bah!... j'accepte,.. je me lance dans les drogues!...
DÉTRAQUÉ. Oh! merci!
BASTIEN. Mais j'y pense, comment vivrez-vous là-bas?
DÉTRAQUÉ. Tu m'enverras la recette tous les mois.
BASTIEN. Tout entière?.. Eh bien, et moi?
DÉTRAQUÉ. Tu prélèveras un cinquième; je me contenterai du surplus...
BASTIEN. Vous êtes généreux, vous! (A part.) En voilà un qui entend drôlement l'association.
DÉTRAQUÉ. Est-ce convenu?
BASTIEN. C'est convenu. (A part.) Tu peux être tranquille : je vais joliment faire danser l'anse de tes bocaux.
DÉTRAQUÉ. Maintenant, il s'agit de me dissimuler.
BASTIEN. Ah! oui... c'est là le hic... Oh! quelle idée! j'attends un garçon de renfort, vous allez prendre sa place!
DÉTRAQUÉ. Mais, si le garçon arrive?
BASTIEN. Je l'enverrai laver la vaisselle... je vais vous donner de quoi vous habiller, et vous m'aiderez à servir le salon de cent couverts.
DÉTRAQUÉ. Mais je n'entends rien au service!
BASTIEN. Ah! bah! comme vous disiez tout à l'heure, quand on a servi du jalap...
DÉTRAQUÉ. On peut aller partout. (Ils rient. La porte du cabinet, n° 1, s'ouvre, le vieux monsieur paraît et demande ses salsifis.
BASTIEN. Votre salsifis., il est sur le feu... en voilà un qui est tannant, avec ses salsifis.., J'entends du monde, vite au travestissement. (Ils sortent par la trappe.)

## SCÈNE V

COBALT, GRANULÉ, CORINNE, GEORGINA, TROTINETTE, MUSQUETTE, puis POMPÉE. *Ils sont costumés.*

CHŒUR.

AIR : *Vive l'orgie.*
(Petits moyens.)

A nous l'ivresse,
Folle jeunesse,
Enivrons-nous
Des plaisirs les plus doux,
A la bombance,
Que chacun lance
De gais refrains,
Par-dessus les moulins!

COBALT.

Amis, ici bannissons l'étiquette,
Et sans danger, par nos joyeux ébats,
Tâchons de perdre un tant soit peu la tête,
En nous livrant à quelques entrechats.
(Il danse.)

CORINNE.

Dans cette enceinte,
Plus de contrainte,
Amusons-nous
Comme des fous!

GEORGINA.

Mais d' la décence;
Que notre danse
Ne mette pas la morale en courroux!

REPRISE DU CHŒUR.

A nous l'ivresse, etc.
(Ils dansent.)

COBALT. Voyons, les enfants; modérez vos transports ; le bal n'aura lieu qu'après le souper.
CORINNE. On va souper!... présente!
GEORGINA. Dites donc?...ça n'est pas une farce, au moins, cette fois-ci?
COBALT. Rassurez-vous : le Balthazar ne fera pas relâche.
TROTINETTE. Qui est-ce qui régale?
COBALT. Le père Montauvert qui s'est enfin décidé à donner sa fille à Didier, depuis que l'herboriste a disparu. Voilà le programme de la fête : Aujourd'hui, repas des fiançailles...bal costumé; demain, refestin... spectacle... et après-demain... le mariage et rereba)...
CORINNE. Rerefestin...
COBALT. Total :.... Trois jours de noce... les nuits sont par-dessus le marché. En attendant, préparons nous; les huîtres doivent s'impatienter...
GEORGINA. Tiens, à propos d'huîtres, où est donc Pompée?

## SCÈNE VI

Les Mêmes, POMPÉE.

POMPÉE, *il est en Turc avec un énorme nez.* Qui est-ce qui parle de Pompée ?.. Présent !
MUSQUETTE. Ah ! qu'est-ce que c'est que ça ?
CORINNE. Il s'est fichu-z-en Turc ?
COBALT. Où as-tu trouvé ça ?
POMPÉE. Chez le costumier... au décrochez-moi ça... 4-50 de location, en laissant ses bretelles... (*Il éternue.*)
GRANULÉ. Tu aurais bien dû aussi laisser ton rhume de cerveau chez le costumier.
POMPÉE. Bon rhume de cerveau, je l'ai bis sous enveloppe !
COBALT. Tu lui as payé un cache-nez? (*Ils rient.*)
POMPÉE. Ah çà ! est-ce qu'on ne va pas passer au réfectoire ?
COBALT. Tout à l'heure... nous attendons notre amphitryon.
POMPÉE. Le fourreur... (*On entend la voix de Rabasson.*)
COBALT. Tiens, justement, je crois que je l'entends.

## SCÈNE VII

Les Mêmes, RABASSON, *en malin,* puis MADAME MONTAUVERT, *et* HERMINIE, *puis* MONTAUVERT.

RABASSON. Par ici... té !... la société il est déjà arrivée... Comment que vous allez ?... vous allez bien ?...
COBALT. Vous êtes bien bon... ça va bien : vous vous êtes donc costumé aussi ?
RABASSON. On m'a dit que c'était un bal masqué, je me suis déguisé en malin.
POMPÉE. En malin ?... c'est donc ça que je ne vous reconnaissais pas ?
RABASSON. On n'est pas bête à Marseille...
COBALT. Qu'est-ce que vous avez fait de Montauvert ?
RABASSON. Les Montauvert ?... Ils me suivent... Eh ! bagasse !... arrivez donc.
MADAME MONTAUVERT, *en femme sauvage, avec une massue sur l'épaule.* Voilà ; on se perd dans les couloirs ; viens, Herminie ! (*Herminie paraît, elle est en bergère.*)
CORINNE. Oh ! elle est bonne, la belle maman !
GEORGINA. C'est la femme à barbe !
MADAME MONTAUVERT. Que dites-vous de mon costume ?
COBALT. Magnifique ! quoiqu'un peu écourté...
MADAME MONTAUVERT. Vous trouvez ?... On m'a dit que c'était plus commode pour danser.
POMPÉE. Dieux !... les beaux bras !... Ils me rappellent la Vénus de Milo !...
MADAME MONTAUVERT. Et ma fille ?... hein ?... est-elle gentille ?
COBALT. A croquer.
POMPÉE. On en mangerait.
HERMINIE. Maman, je ne vois pas monsieur Didier...
MADAME MONTAUVERT. Il nous suit... avec ton père... (*Appelant Anatole.*) Dépêche-toi donc !...
TOUS, *appelant Anatole.* Ohé !
MONTAUVERT, *en chinois, suivi de Didier.* Voilà, bobonne... Ah ! tout le monde est arrivé... mesdames... messieurs... Société aussi nombreuse que...
DIDIER. Bien choisie... bonjour, mes amis !
TOUS. Bonjour, Didier !
MONTAUVERT. Ah çà ! voyons... le festin doit être prêt, il s'agit de ne pas le faire languir... Je ne vous cacherai pas, mes bons amis, que j'ai un appétit féroce ; et vous ?
TOUS. Moi aussi !... moi aussi !...
POMPÉE. Monsieur Montauvert, sous le rapport de l'appétit, je me sens capable de vous rendre quinze points de trente.
RABASSON. Sans revanche ?
POMPÉE. Ou avec. (*Rabasson lui tape sur le ventre.*)
MONTAUVERT. Ah ! ah ! vous êtes une bonne fourchette !
TROTINETTE. Je vous en réponds... il mange comme un orgue.
CORINNE. Et il boit comme quatre.
MONTAUVERT. Comme quatre orgues ?... tant mieux, j'aime les gens qui ne reculent pas devant un verre de vin.
POMPÉE. Accompagné de plusieurs autres même... Dites donc, si, avant de nous mettre à table, nous étouffions un perroquet ?
MADAME MONTAUVERT. Etouffer un perroquet !... Ah ! l'horreur !...
MONTAUVERT. Le fait est que je ne vois pas la nécessité d'étouffer ce volatile...
DIDIER. Beau-père, vous ne saisissez pas... c'est un terme d'atelier, ça veut dire boire un verre d'absinthe...
MONTAUVERT. Ah !...
MADAME MONTAUVERT. Quel drôle de langage !
MONTAUVERT. C'est à faire frémir la grammaire française.
POMPÉE. Et quatre font vingt. (*Rabasson lui tape sur le ventre.*)
MONTAUVERT. Vous dites ?
POMPÉE. Rien... une figure... C'est égal, vous êtes joliment arriéré pour votre âge...
MONTAUVERT. C'est vrai ; mais je m'y ferai... Voyons, puisque c'est l'usage, nous allons étouffer un perroquet... Garçon !...
TOUS. A la boutique !
CORINNE. Garçon de cabinet !

## SCÈNE VIII

Les Mêmes, BASTIEN.

BASTIEN. Voilà ! voilà !
TOUS. Tiens, c'est Bastien !
MONTAUVERT. Mon ex-domestique en gâte-sauce !
BASTIEN. Mon ancien patron en Chinois !
MONTAUVERT. Que fais-tu ici sous ce costume ?
BASTIEN. Moi ?... je sers des salsifis.
MONTAUVERT. Des salsifis ?
BASTIEN. Dame ! il a bien fallu que je me trouve

une place quand vous m'avez renvoyé... à coups de fusil dans les...
MONTAUVERT. Assez !...
BASTIEN. Ça m'a joliment fait mal, allez ? le pharmacien m'a fait poser 17 sangsues, et...
MONTAUVERT. Assez... ces détails sont oiseux !
BASTIEN. Toiseux !
MONTAUVERT. Voyons ; puisque tu es de service, nous allons voir si tu t'y entends... Le festin que j'ai commandé ?
BASTIEN. Dans le grand salon de 100 couverts ? c'est donc pour vous ?
MONTAUVERT. En personne ;... en 25 personnes, même...
BASTIEN. Alors, il est prêt.
MONTAUVERT. Les huîtres ?
BASTIEN. Ouvertes.
MONTAUVERT. Le potage ?
BASTIEN. Brûlant.
MONTAUVERT. Le champagne ?
BASTIEN. Frappé.
MONTAUVERT. Parfait !... Bastien, je te couvre de mon estime. (Il lui met son chapeau sur la tête. On rit.)
BASTIEN. Ah ! farceur de Chinois !
MONTAUVERT. Maintenant, les enfants, la main aux Dames, et au champagne !
TOUS. Au champagne !

CHOEUR.

AIR : *Vive, vive le jam, le jam.* (Tromb-Al-Cazar.)

Vive, vive, le champ, le champ !
Le champ, le champ !
Le pa, pa !
Vive, vive, le champ, le champ !
Le vin de Champagne !
C'est un vrai vin de co, ca,
De Cocagne.

(Ils entrent tous à droite au fond, en dansant.)

## SCÈNE IX

BASTIEN, *seul, il danse.*

Tra, la, la !... On va gambader tout à l'heure, faudra que je m'invite : une fois le souper fini, je me déguise, je me faufile au milieu d'un quadrille, et ogne donc ! (Il danse et s'arrête subitement.) Ah ! bigre, ma blessure ne va pas très-bien... ça pique, ces bêtes-là... Tiens, à propos de sangsues... et l'herboriste qui doit m'aider... si le Montauvert le voit, tout est perdu... faut que je le prévienne... Sapristi, je ne peux pourtant pas servir 25 personnes à moi soi-seul.

## SCÈNE X

BASTIEN, PITOU, *sortant du salon.*

PITOU. Eh bien, et c't'absinthe ?
BASTIEN. On y va !... Oh !.. quelle idée !... Dites donc, militaire !
PITOU. Quoi ?
BASTIEN. Vous n'êtes pas de service, aujourd'hui ?
PITOU. *Naturablement.*
BASTIEN. Vous devriez bien m'en rendre un alors.
PITOU. Lequel ?
BASTIEN. Celui de m'aider à le faire.
PITOU. A le faire... je ne saisis pas...
BASTIEN, *à part.* Il a la tête dure. (Haut.) Je vais vous dire... Ce soir, les autres garçons ont campo...
PITOU. Campo ? qui a campo ?...
BASTIEN. C'est-à-dire qu'ils sont sortis... pour lors, je suis tout seul... et si vous vouliez me donner un coup de main pour le grand salon, à nous deux, ça irait comme sur une locomotive.
PITOU. Qu'est-ce qui irait comme *un locomovite ?*
BASTIEN. Le service !
PITOU. Quel service ?
BASTIEN, *à part.* Oh ! mais j'ai l'air de causer avec une bûche !... Il est bête, c't'être là ! (Haut.) Voyons, mon cher Pitou, voulez-vous servir l'absinthe à ma place ?... je suis un peu indisposé.
PITOU. Volontiers... pourquoi ne le disiez-vous pas tout de suite ?
BASTIEN. Mais je ne fais que ça... Il est superbe...
PITOU. Où qu'elle est l'absinthe ?
BASTIEN. Là, dans l'office...
PITOU. Suffit... demi-tour à gauche... (Il entre à gauche.)
BASTIEN. Ah ! sapristi ! le jour de la distribution de l'intelligence, il s'est levé tard, celui-là... Voyons, fermons tout ici, afin que les nopceurs soient bien chez eux. (Il ferme la porte du fond.) Le poêle va bien... fourrons-y encore une bûche... ça ne coûte pas plus, c'est le bourgeois qui paye.

## SCÈNE XI

BASTIEN, POMPÉE, *sortant du salon.*

POMPÉE. Ouf !.. quelle chaleur !... on étouffe là-dedans... avec cela que ce costume-à est d'un lourd !... (Apercevant Bastien.) Tu mets encore du bois dans le poêle, toi ?
BASTIEN, *se retournant.* Tiens ! un marchand de dattes !...
POMPÉE. Mais, tu veux donc nous faire rôtir ?
BASTIEN. Dame ! faut bien chauffer la salle de danse ; ça pousse aux rafraîchissements.
POMPÉE. Ah !... il entend bien le commerce, celui-là...
BASTIEN. Dites donc, il est riche, votre costume...
POMPÉE. Oui... mais il est un peu lourd... je voudrais bien m'en débarrasser un peu... où est le vestiaire ici ?
BASTIEN. Le vestiaire, il n'y en a pas ; mais vous êtes ici comme chez vous ; vous pouvez l'accrocher n'importe où...
POMPÉE, *ôtant son costume et son nez et l'accrochant à côté du poêle.* Pas de vestiaire... c'est deux sous d'économisés...
BASTIEN. Moi, je vais prévenir le Détraqué. (Il sort à gauche.)

## SCÈNE XII

POMPÉE, puis PITOU.

POMPÉE. Ah!... ça fait du bien de se mettre à son aise... Je vais profiter de ce que je suis seul pour causer un peu avec Aglaé. (*Il tire sa pipe de sa poche.*)
PITOU, *sortant de gauche avec un plateau.* Mille boutons de guêtres, c'est noir comme une cheminée là-dedans; j'ai manqué de renverser tout...
POMPÉE. Tiens, le fantassin... Vous êtes donc dans la limonade, vous?
PITOU. Je ne sais pas ; on m'a dit de servir l'absinthe, je sers l'absinthe.
POMPÉE. L'absinthe, je vais lui dire deux mots. (*Il prend un verre, le pose à terre et verse de l'eau dedans en restant debout.*) En voulez-vous ?
PITOU. Merci; je ne bois jamais de ça.
POMPÉE. Vous avez tort; c'est délicieux pour les rhumatismes.
PITOU. Des *rhumatisses*, je n'en ai pas.
POMPÉE. Vous en aurez peut-être... A la vôtre ! (*Il boit.*)

## SCÈNE XIII

LES MÊMES, DÉTRAQUÉ, *en garçon de café, paraissant par la trappe n° 1, et posant un plat sur le bord de la trappe.*

DÉTRAQUÉ. Un salsifis pour trois, enlevez, boum !
PITOU. Que vois-je?... cette figure... mille boutons de guêtres!... c'est mon voleur...
POMPÉE. L'herboriste!...
DÉTRAQUÉ. Encore la garde!... Miséricorde!... (*Il disparait.*)
PITOU, *posant son plateau.* Ah!... gredin! tu ne m'échapperas pas ! (*Il ouvre la trappe et descend.*) A moi, monsieur Pompier.
POMPÉE. Je vous emboîte... minute, et mon abs... (*Il reprend son verre et descend par la trappe qu'il referme.*)
DÉTRAQUÉ, *sortant par la trappe n° 2.* Malheureux Détraqué!... retraqué plutôt... la chasse recommence... Oh!... mais ils ne me tiennent pas encore, grâce à ses souterrains... O Anne Radcliffe... inspire-moi ! (*Il disparait par la trappe n° 3; au même moment paraissent Pitou et Pompée tenant toujours son verre d'absinthe.*)
PITOU. Où est-il? (*Il aperçoit la trappe n° 3 qui se referme*) Ah! par là!... (*Il disparait par la trappe.*) Venez, monsieur Pompier!
POMPÉE. Pompée!... ah çà! nous avons l'air de jouer à cache-cache !... (*Il disparait par la trappe.*)

## SCÈNE XIV

MONTAUVERT, *sortant du salon, puis* LE VIEUX MONSIEUR.

MONTAUVERT. Garçon !... Bastien!... personne... cet animal-là qui nous laisse en plan! (*Il aperçoit le plat à terre.*) Qu'est-ce que c'est que ça? des salsifis..., tiens, tiens... je n'en ai pas demandé; mais, comme je les adore; je les prends... (*Il prend un plat et pousse un cri.*) Aïe!... bigre!... c'est chaud!... (*Il prend le plat avec sa serviette.*) Nà, me voilà forcé de me faire mon service...
LE VIEUX MONSIEUR, *à la porte cabinet.* Garçon, garçon!... et mes salsifis?...
MONTAUVERT. Il me prend pour le garçon, c'est une bonne farce. (*Au vieux Monsieur.*) Vous êtes sur le feu. C'est égal... nous ne pourrons jamais manger vingt-cinq là-dessus... Ah bah!... à la campagne!... Il me semble que j'ai entendu du bruit sous mes reins... souterrain... (*On entend crier dans la coulisse.*) Garçon, garçon ! Ah ! ah ! ils s'impatientent là-bas!... Voilà, voilà!... (*Il entre à gauche, au fond.*) Un salsifis au deux, boum !

## SCÈNE XV

DÉTRAQUÉ, *sortant de la trappe n° 1, il est tout mouillé et a un œil tout noir.*

Enfin, je leur ai encore échappé... grâce à tous ces souterrains, j'ai pu me débarrasser d'eux... j'ai enfermé le Turc dans la cave au charbon... pourvu qu'il ne soit pas asphyxié !... Quant au militaire j'ai lutté corps à corps avec lui... et au moment où je recevais sur l'œil un choc violent dont l'obscurité m'a empêché de reconnaître la nature... nous sommes tombés tous deux dans un réservoir ; il m'a lâché en poussant un cri... puis, plus rien: le silence m'a fait peur, et je me suis sauvé en me cognant partout... rebondissant sur tous les murs comme une balle élastique !... Encore un crime !... je marche de forfaits en forfaits!... C'est-à-dire qu'à côté de moi, Cartouche ne serait qu'un galopin !... Oh !... c'est affreux ! (*Il s'assied.*) Qu'est-ce que c'est que ça?... des liqueurs !... c'est raide... (*On entend chanter dans le salon ; Détraqué se lève vivement effrayé, et tire ses pistolets de ses poches.*) Hein ? du bruit!... Ah ! on s'amuse par là, pendant que moi je commets des crimes comme si j'avais été en pension chez les Thugs ! (*Il remet ses pistolets dans ses poches.*) Mais je suis trempé; je grelotte... du feu, séchons-nous (*Il aperçoit le costume de Pompée.*) Qu'est-ce que c'est que ça?... Un costume!... O grand saint hasard !... merci ! (*Il met le costume.*) Bigre!... ce cartonnage exhale une odeur d'absinthe... à plein nez... On vient... où cacher ces vêtements?... Ah! là!... (*Il les met dans le four du poêle.*) Ils vont sécher.

## SCÈNE XVI

DÉTRAQUÉ, MONTAUVERT, MADAME MONTAUVERT, *puis toute la noce et les musiciens.*

MONTAUVERT. Eh! dites donc, l'enrhumé!... vous désertez donc la table?
DÉTRAQUÉ, *à part.* Montauvert!
MONTAUVERT. Qu'est-ce que vous faites là tout seul?
DÉTRAQUÉ. Je me chauffais un peu.
MONTAUVERT. Vous avez froid, sous ce costume-là!... excusez!...
DÉTRAQUÉ, *à part.* Mon beau-père en Chinois! qu'est-ce que ça veut dire?
MONTAUVERT. Où est donc passé le militaire?
DÉTRAQUÉ. Le fantassin!... il est à la cave.
MONTAUVERT. En train de se rafraîchir,... probablement...
DÉTRAQUÉ. Oui... (*A part.*) Il doit être frais, en ce moment.
MADAME MONTAUVERT, *sortant du salon, puis tout le monde.* Ah çà! est-ce qu'on ne va pas ouvrir le bal?
MONTAUVERT. Tout à l'heure... les musiciens ne sont pas arrivés... (*Les musiciens entrent.*) Eh! justement les voici... vous venez comme Mars en calèche... comme on dit dans le grand monde... Mettez-vous là... (*Il fait monter les musiciens sur une table.*)
GEORGINA. Ils ont une drôle de tournure, les musiciens!
COBALT. C'est le Caveau des aveugles qui a fait irruption ici!
DÉTRAQUÉ, *à part.* On va danser... je ne me sens pas bien... (*Il s'assied.*)
MONTAUVERT. En place! en place!... (*A Corinne.*) Charmante débardeuse, voulez-vous m'accepter pour cavalier?
CORINNE. Avec plaisir!... (*A Cobalt.*) Monsieur Cobalt, vous me ferez vis-à-vis.
COBALT. Oui, mais à une condition : c'est que vous mettrez une sourdine à vos entrechats : nous ne sommes pas ici au Casino Cadet!...
CORINNE. N'ayez donc pas peur; est-ce que vous croyez que je vais danser sur la tête?
COBALT. Il ne manquerait plus que ça!
MONTAUVERT. En place, en place!
MADAME MONTAUVERT. Monsieur Pompée, je vous prends pour cavalier.
DÉTRAQUÉ, *à part.* Hein?... ça se complique!
MADAME MONTAUVERT. Plaçons-nous ici.
DÉTRAQUÉ, *à part.* Quelle position!... je donnerais 17 francs pour être sur les buttes Montmartre. (*On danse une figure de quadrille; Détraqué fait le cavalier seul avec madame Montauvert.*)
TROTINETTE. Voyez donc monsieur Pompée comme il saute!
MONTAUVERT. Le fait est que pour un enrhumé vous allez bien.
DÉTRAQUÉ, *dansant comme un perdu.* Oui! (*A part.*) Je ne sais plus ce que je fais; il me semble que je danse sur des baïonnettes! (*A ce moment la trappe n° 1 s'ouvre, et Pompée paraît. — Il est tout noir. — Effroi général.*)

POMPÉE. La main aux dames!
MONTAUVERT. Qu'est-ce que c'est que ça?
CORINNE. C'est le diable! (*madame Montauvert s'évanouit.*)
MONTAUVERT. Si ce n'est pas lui, c'est au moins son charbonnier!
COBALT, *tendant la main.* Mais Dieu me pardonne! C'est Pompée! (*Il l'aide à remonter.*)
TOUS. Pompée!
DÉTRAQUÉ, *à part.* Il va se passer des choses horribles!
CORINNE. Qui est-ce qui vous a enfermé là-dessous?
POMPÉE. Le gueusard d'herboriste!
TOUS. L'herboriste!
DIDIER. Il est donc ici?
DÉTRAQUÉ, *à part.* Hein?... cette voix...
MONTAUVERT. Mais alors, si vous êtes le vrai Pompée, quel est donc celui-là! (*Il montre Détraqué.*)
COBALT. Ça ne peut être que Détraqué.
MONTAUVERT. Détraqué!... ah!... misérable!... Emparez-vous de lui!
DÉTRAQUÉ, *se mettant derrière la table qui est à côté du poêle.* M'arrêter? jamais!... Le premier qui m'approche, je lui fais sauter le crâne! (*Il fouille dans ses poches.*) Je suis armé... hein?... Où sont donc mes pistolets? (*On entend une explosion dans le poêle : tout le monde pousse un cri. — Madame Montauvert se révanouit;... Détraqué renverse la table et tombe au milieu du Théâtre.*)
MONTAUVERT, *criant.* Au secours! à la garde!
COBALT. Que veut dire ce bruit?
DÉTRAQUÉ, *ahuri.* Je sais : mes pistolets,... là... (*Il montre le poêle.*) C'est le poêle qui vient de se brûler la cervelle... encore une victime... faites-moi condamner... j'en ai assez! Envoyez-moi à Cayenne... piler du poivre... j'ai cent vingt années de galères à faire, j'aime mieux les faire tout de suite, ça me soulagera un peu...
MONTAUVERT. Mais il devient fou!
COBALT. Il croit que c'est arrivé!
GEORGINA. Pauvre garçon!... (*On fait asseoir Détraqué.*)
MONTAUVERT. Voyons, Détraqué,... revenez à vous; vous n'avez commis aucun crime...
DÉTRAQUÉ. Mais mes victimes?...
MONTAUVERT. Elles se portent comme vous et moi.
DÉTRAQUÉ. Comment... Didier?
DIDIER. Présent!
DÉTRAQUÉ. Vivant? mais le Marseillais?
RABASSON. Troun de l'air... je se porte bien aussi!
DÉTRAQUÉ, *se levant.* Mais alors... si tout le monde est vivant... je rentre dans la société... je suis libre... les galères n'ont plus rien à démêler avec moi... je puis rire, chanter, danser!... (*il bat un entrechat, et s'arrête subitement.*) Ah!...
MONTAUVERT. Quoi encore?
DÉTRAQUÉ. J'oubliais... le militaire dans le réservoir!
COBALT. Pitou?
DÉTRAQUÉ. Je l'ai noyé!
TOUS. Oh!

MONTAUVERT. Courons !... il est peut être encore temps de le sauver.

## SCÈNE XVII

Les mêmes, PITOU, en mitron.

PITOU. Mille boutons de guêtres... je suis-t-un vrai glaçon !
TOUS. Pitou !
DÉTRAQUÉ. Sauvé aussi... Merci, mon Dieu ! (il embrasse Pitou.)
PITOU. Mon gredin !... Ah ! cette fois, je le tiens ! (il veut se jeter sur Détraqué.)
MONTAUVERT, le retenant. Laissez-le ; tout est arrangé...
PITOU. Mais, le gueux, il m'a fait prendre un bain malgré moi !
MONTAUVERT. Ça ne peut pas vous faire de mal... Ah çà ! voyons : reprenons notre quadrille.

## SCÈNE XVIII

Les Mêmes, BASTIEN, en amour.

BASTIEN. Un quadrille, minute ; j'en suis.
TOUS. Bastien !

BASTIEN. Avec un chic costume, hein ?... madame Montauvert, je vous retiens pour la première contredanse.
POMPÉE. Madame est retenue.
MADAME MONTAUVERT. Monsieur Bastien, je ne danse pas avec mes domestiques.
BASTIEN. Domestique, je ne le suis plus... je suis l'associé de Détraqué.
MONTAUVERT. Associé... comme ahuri ?...
BASTIEN. Non, comme herboriste.
COBALT. C'est à peu près la même chose.
DÉTRAQUÉ. Tiens, je l'avais oublié, celui-là !
MONTAUVERT. En place ! en place ! (A Détraqué.) Détraqué, vous pouvez prendre place au quadrille.
DÉTRAQUÉ. Je veux bien, mais, pardon ; et Herminie ?
MONTAUVERT. Elle épouse Didier...
DÉTRAQUÉ, fléchissant. Oh !
MONTAUVERT. Oh ! mais vous n'allez pas vous révanouir, vous serez garçon d'honneur, c'est à prendre ou à laisser.
DÉTRAQUÉ. Ah bah !,.. Au fait, j'aime encore mieux ça que d'aller à Cayenne.
MONTAUVERT. En place ! en place !
DÉTRAQUÉ. Allons !... il est écrit que je n'ôterai jamais mes bottes. (Reprise du quadrille.)

FIN.

# EN VENTE A LA LIBRAIRIE DRAMATIQUE
## 10, rue de la Bourse, et rue des Colonnes, 9

| Titre | Prix | Titre | Prix |
|---|---|---|---|
| l'Affaire Clément-sot, vaud., 1 acte. | » 60 | La Lampe de Davy, com., 1 a., vers… | 1 » |
| L'Africaine pour rire, parod., 1 a… | » 60 | Mademoiselle ma Femme, v., 1 acte… | 1 » |
| L'Ahuri de Chaillot, vaud., 5 actes… | » 75 | Mamzelle fait ses dents, com., 1 acte. | » 60 |
| A la recherche d'un million, v., 1 a… | » 60 | Le Mangeur de fer… à cheval ! par., 2 a. | » 60 |
| A la Salle de police, croquis, 1 acte. | » 60 | Une Mansarde d'étudiant, dr., 1 a., vers | 1 » |
| L'Amour et le Temps, vaud., 1 acte. | » 60 | Le Mariage à l'enchère, com., 1 a… | 1 » |
| Les Amoureux de Claudine, v., 1 acte. | » 60 | Le Mari d'un Bas-Bleu, vaud., 1 acte. | 1 » |
| L'Amour médecin, comédie, 3 actes… | 5 » | Le Mari par régime, vaud., 1 acte… | » 60 |
| L'Article VI, vaud., 1 acte……… | 1 » | La Marquise de la Bretèche, c.-v., 2 a. | » 60 |
| A Quinze ans, vaud., 1 acte……… | » 60 | Les Marrons du feu, vaud., 2 actes… | » 60 |
| Aux Arrêts, com., 1 acte……… | 1 » | Un Martyr de la Victoire, dr., 5 a… | » 60 |
| Bas-de-Cuir, drame, 5 a. 8 tabl… | 1 50 | Mes beaux habits, coméd., 1 a., vers… | 1 » |
| Bettina, op. comique, 1 acte……… | 1 » | Mesdames Montambrèche, com., 3 a. | 2 » |
| Le Cadeau d'un Horloger, vaud., 1 a. | » 60 | Les Métamorphoses de Bougival, v., 1 a. | » 60 |
| Chanson de Béranger, vaud., 1 acte. | » 60 | Un Monsieur qui a perdu son mouchoir. | » 60 |
| Le Chanteur florentin, sc., 1 acte… | » 60 | Mr qui veut se faire un nom, v. 1 acte. | » 60 |
| La Charité, pièce de vers… | » 25 | Nicaise, opérette, 1 acte……… | 1 » |
| La Chasse à ma femme, vaud., 1 a… | » 60 | Nos Gens, comédie, 1 acte……… | 1 » |
| Le Château de Rochefontaine, c., 3 a. | 1 » | L'Orfèvre du pont au Change, dr., 5 a. | » 60 |
| Un Chef-d'œuvre en sapin, fol. m., 1 a. | » 60 | La Paix à tout prix, com., 3 a., vers | 1 50 |
| Le Chevalier Satan, vaud., 1 acte… | » 60 | Paul et Virginie dans une mansarde. | » 60 |
| Les Chevaliers de la Table-Ronde, o. 3 a. | 1 50 | Pavillon vert, vaud., 1 acte……… | 1 » |
| Chez les Montagnards…, vaud., 1 a. | » 60 | Un Pied dans le Crime, com., 3 a… | 2 » |
| La Chouanne, drame, 5 actes……… | 2 » | La Planète Vénus, fantaisie musicale. | » 30 |
| Les 500 francs de Joseph, vaud., 1 a. | 1 » | Point d'Angleterre, vaud., 1 acte… | 1 » |
| Une Circulaire filiale, vaud., 1 acte… | 1 » | Le Portrait de Séraphine, op. c., 1 a. | 1 » |
| Comte et Marquise, vaud., 1 acte… | 1 » | Prête-moi ton nom, vaud., 1 a… | » 60 |
| Le Coup de Jarnac, drame, 5 actes… | 1 50 | 15 Heures de fiacre, vaud., 2 actes… | 1 » |
| Un Coup de soleil, vaud., 1 acte… | » 60 | Les Rentiers, comédie, 5 actes……… | 1 » |
| Le Coupeur d'oreilles, dr. 5 a. 9 tabl. | » 60 | Le Retour d'Ulysse, op. bouffe, 1 a. | » 60 |
| La Course au corset, vaud., 2 actes… | » 60 | Rouen tan plan, tire lire, 5 a. 20 tabl. | 1 » |
| Dans le pétrin, fol.-op. 1 a……… | » 60 | Le Royaume du Poète, c.-v., 3 a… | » 60 |
| Le Danseur de corde, opéra c., 2 a. | 1 » | Les Sabots d'Aurore, com., 1 a… | 1 » |
| Les Défauts de Jacotte, opérette, 1 a. | 1 » | Sacripant, op. com., 2 a… | 1 » |
| Les Deux Arlequins, op. com., 1 a… | 1 » | Salvator Rosa, dr. 5 a. 7 tabl., in-8° | 3 » |
| Le Docteur Crispin, op. bouffe, 1 a… | 1 50 | Semer pour récolter, opérette, 1 a… | » 60 |
| Un Dragon à la mamelle, vaud., 2 a. | » 60 | Les 7 Baisers de Buckingham, Opte, 1 a. | » 50 |
| Un Duel à trois, com., 1 a……… | » 60 | Un soir qu'il neigeait, com., 1 acte… | 1 » |
| Les Duperies de l'esprit, c., 1 a., vers. | 1 » | La Source, ball., 3 a. 4 tabl… | 1 » |
| L'Ecaillère africaine, opérette, 1 acte. | 1 » | Les Tempêtes du célibat, fol.-v., 1 a… | » 60 |
| Edwige de Pologne, drame, 5 a., vers | 2 » | Le Testament d'Elisabeth, dr. 5 a… | 2 » |
| Egill le Démon, drame, 3 actes… | 1 » | Le Tourbillon, com., 5 a. 6 tabl… | 2 » |
| L'Enlèvement au Bouquet, c.-v., 1 a… | 1 » | Le 31 Décembre et le 1er Janvier, v., 2 a. | 1 » |
| Entre Onze heures et Minuit, fol., 1 a. | » 60 | Les Turlutaines, comédie, 5 actes… | 1 50 |
| Entrez! vous êtes chez vous! vaud. 5 a. | » 40 | L'Une après l'autre, vaud., 1 acte… | 1 » |
| L'Expiation, drame, 3 actes……… | 1 » | Les vacances de Cadichet, v., 1 acte. | 1 » |
| Les Exploits de Silvestre, opéra, 1 a… | 1 » | Une Victime de l'Exposition, v. 1 a. | » 60 |
| Faut nous payer ça, coupl……… | » 15 | La Vie à la vapeur, revue, 4 a., 6 t. | » 80 |
| Le Fils du Brigadier, op.-com., 3 a. | 1 » | Le Wagon des Dames, com., 1 a… | 1 » |
| Le Fou d'en face, comédie, 1 acte… | 1 » | | |
| Les Français à Lisbonne, pièce 4 act. | » 50 | Les Amis de César, com. rom., 3 a. | 2 » |
| Francastor, opérette, 1 acte……… | 1 » | L'Anneau du Diable, com.-vaud., 2 a. | » 25 |
| Françoise de Rimini, trag. 3 a., vers… | 2 » | A qui la Pomme, comédie, 1 acte… | 1 » |
| Un Gendre, comédie, 4 actes……… | 2 » | Au pied du Mur, com., 1 a… | » 6 |
| Le Gentilhomme campagnard, v., 1 a. | » 60 | Les Caprices de Henri IV, com., 1 a… | 1 » |
| La Graine d'Epinards, vaud., 1 acte. | 1 » | Le Dernier Troubadour, drame, 5 a… | 1 » |
| La Grammaire, vaud., 1 acte……… | 1 » | Les Deux Reines de France, dr., 5 a… | 1 50 |
| La Grand'tante, op.-com., 1 acte… | 1 » | El Divorcio, drama, 3 a… | 1 » |
| La Grève des Amoureux, vaud., 1 a… | » 60 | Le Duc de Savoie, drame, 5 a… | 1 » |
| Le Grillon, opérette, 1 acte……… | 1 » | La Fè Jurada, drame, 1 a… | 1 » |
| Griselde, drame, 3 a., vers……… | 2 » | La Guerre des Chouans, drame, 5 a… | 1 » |
| L'Homme à la mode de… Caen, v., 1 a. | 1 » | Un heureux Débiteur, com., 1 a… | 1 » |
| Les Hôtes de la France, pièce, 1 a… | » 50 | La Lionne marseillaise, prov., 1 a… | 1 » |
| Les Idées de Beaucornet, com., 1 acte. | 1 » | Le Mari de Mademoiselle, c., 1 a… | 1 » |
| L'Ile des Sirènes, revue, 8 tableaux… | » 50 | Le Médecin des cœurs, com., 2 a… | 1 » |
| Impôt sur les Célibataires, 1 acte… | » 50 | Messaline, drame, 5 actes……… | 2 » |
| Jean la Poste, drame, 5 a. 10 tabl… | » 50 | Mort d'André Vésale, monol., 1 a… | » 50 |
| Jeanne de Sommerive, drame, 3 a… | 2 » | Pygmalion, poëme lyrique, 1 a… | 1 » |
| Je me l' demande, vaud., 5 actes… | » 50 | Une Revanche de la Guimard, c., 1 a. | 1 » |
| Je suis né coiffé, fol.-vaud., 1 acte… | » 60 | Le Roi des Korrigans, op. com., 1 a… | 1 » |
| Jeunesse et malice, vaud., 1 a… | 1 » | Roland dit Cœur de Veau, par., 1 a… | » 50 |
| Un Jour d'orage, vaud., 1 acte… | » 60 | Les Vendanges, com., 1 a., vers… | 1 50 |
| Juliette et Roméo, folie-vaud., 1 acte. | » 60 | Washington, drame, 5 a., vers… | 2 » |

Paris. — Typ Morris et Comp., 64, rue Amelot.

www.ingramcontent.com/pod-product-compliance
Lightning Source LLC
Chambersburg PA
CBHW060521050426
42451CB00009B/1093